常青藤爸爸对话幼教名师

每个孩子都能爱上幼儿园

刘乐琼　常青藤爸爸　著

长江出版传媒　长江少年儿童出版社

图书在版编目（CIP）数据

每个孩子都能爱上幼儿园 / 刘乐琼，常青藤爸爸著．— 武汉：长江少年儿童出版社，2023.2
ISBN 978-7-5721-3821-8

Ⅰ．①每… Ⅱ．①刘… ②常… Ⅲ．①学前教育－教学参考资料 Ⅳ．①G613

中国国家版本馆CIP数据核字(2023)第029862号

MEI GE HAIZI DOU NENG AI SHANG YOUERYUAN
每个孩子都能爱上幼儿园

刘乐琼　常青藤爸爸 / 著
封面绘者 / 魏　楠
责任编辑 / 薛文杰　马瑞芬
特约编辑 / 姚　兰　朱　璇　刘学琴
装帧设计 / 张　青　美术编辑 / 潘　虹
出版发行 / 长江少年儿童出版社
经　　销 / 全国新华书店
印　　刷 / 河南华彩实业有限公司
开　　本 / 880×1230　1／32
印　　张 / 8
印　　次 / 2023年2月第1版，2023年2月第1次印刷
书　　号 / ISBN 978-7-5721-3821-8
定　　价 / 49.00元

策　　划 / 海豚传媒股份有限公司
网　　址 / www.dolphinmedia.cn　邮　箱 / dolphinmedia@vip.163.com
阅读咨询热线 / 027-87391323　　销售热线 / 027-87396822
海豚传媒常年法律顾问 / 上海市锦天城（武汉）律师事务所　张超　林思贵　18607186981

序 I

幼儿园阶段是孩子从家庭走向社会的一个重要时期，其重要性不言而喻。但同时，对于孩子和家长来说，这一阶段又充满了挑战。有很多满腹焦虑的父母在"常青藤爸爸"公众号后台给我留言，问我关于幼儿园的"十万个怎么办"：

孩子马上要上幼儿园了，入园准备要怎么做？

如何选"好"幼儿园？

孩子还不会自主大小便，有影响吗？

幼儿园虐童事件、意外事件，我们好害怕遇到……

怎样带孩子做好幼小衔接？

……

诸如此类的话题，三天三夜也讨论不完，那我们不妨来一场集中的答疑——我系统梳理了这些话题，根据托班、小班、中班、大班和幼小衔接这四个阶段对内容进行分类，从每个阶段家长常会遇到的问题入手，给予大家切实可行的方法和判断标准，让家长充分拥有"知情权"。

为此，我专门请来了常年活跃在公办幼儿园教育一线的园长刘乐琼跟我一起对谈。所以本书中既有各种学前教育观点的碰撞，又有帮助家长解决实质性问题的办法和平复父母心理焦虑的良方，当然，也少不了我作为一个过来人想要和大家分享的经验……

你们可能会问："为什么要邀请公办幼儿园的园长呢？"因为据不完全统计，我国公办幼儿园和民办幼儿园的数量比例大致为1∶1，未来还会有更多的民办幼儿园转为公办幼儿园，所以公办幼儿园的现状更具有代表性，这是其一。其二是，公办幼儿园本身在与国民教育的衔接上一直是主力，它对国家政策有更强的敏感性，能与九年义务教育无缝衔接，让孩子不会有断层的感觉。尤其是《教育部关于大力推进幼儿园与小学科学衔接的指导意见》颁布之后，公办幼儿园加强了与小学衔接的课题，这是公办幼儿园园长谈教研的优势所在。

这次访谈，我们决定不讲理论，因为对国内外教育理论高谈阔论的意义不大，广大家长无法直接受益。我会以家长的视角来提问，让大家都能看得懂；刘园长则会客观地讲述幼儿园的实际情况，给出实用的方法。所以，这本书里全是"干货"，它不仅是刘园长十几年一线实战经验的精华总结，更是我们每个家长都应该知道的"幼儿园里的那些事儿"。

另外，我们也对幼儿园这个主题进行了延展，使其在时间维度上跨度更大，囊括了幼儿园前的托育阶段和入学准备阶段；在内容维度上包含了学前教育所研究的儿童发展五大领域、家长心理等多个方面。

0~6岁是孩子认识自己、认识世界的一个重要阶段，是人的一生中身体、心理、智力等快速成长的关键时期。经过这个成长期，孩子能拥有基本的自理能力，能与朋友相互交流，学会表达自己并懂得分享，学会与小伙伴友好相处，知道尊重老师。他们在幼儿园里懂得了初步的为人处世的道理，他们充满了探索的欲望，喜欢用语言或图画表达自己的想法，并且有了自己的梦想……

我们都知道，家庭是孩子的第一间教室，父母是孩子的第一任老师。家庭对孩子的影响最大，而社会教育机构，如早教机构、托育机构、幼儿园承担了部分养育和教育的功能，也为家庭教育起到了必不可少的辅助作用。

幼儿园是学前教育公共服务机构的主体组成部分，在学前教育体系中处于核心地位，也是终身教育体系的开端。幼儿园阶段的教育非常重要，正确的教育方式能不能在实践中得到很好的应用，每所幼儿园是不是都具备健康的环境，每所幼儿园的理论是不是都符合儿童发展的规律……这些统统是我们关注的问题。

这些年来，很多国际教育理念走进了家长们的视野。这些理念的内涵是什么？对家长有帮助吗？孩子在上幼儿园时，父母有必要了解这些理念吗？选择幼儿园和安心度过幼儿园阶段的关键到底是什么呢？通过这本书，我们来逐一解答。

毫无疑问，家长是家庭教育的实施者和参与者，是孩子健康成长的重要保障，所以，越来越多的家长意识到家庭教育在学前阶段的重要性，愿意以孩子为中心，深入地了解孩子，并承担起家庭教育的主体责任。那该如何充分利用幼儿园，辅助家庭教育？在孩子上幼儿园阶段,我们的关注点应该是什么?应该如何在这一阶段和幼儿园做好配合?本书也会给出建议。

家长有知情权,有选择权,更有针对问题采取措施的权利。我们尊重孩子,希望每个孩子都能上好幼儿园,更能爱上幼儿园。希望这本书能让我们一起做个明白的家长,让每个孩子受益终身!

Preface
序 II

这是一本连接家庭和幼儿园的"桥梁书"。

2006 年我毕业于北京师范大学学前教育系,目前已在幼儿园工作 16 年。我怎么都没想到,因为性别是男性,所以在行业内我一直被视为一个特殊的存在。有时候我会跟同行们开玩笑说,孔子他老人家曾说,"唯女子与小人为难养也",单从字面意思来看就是,孩子和女人都不好"伺候"。而我的工作就在孩子堆和女人堆里,可见我的处境有多艰难!

回想在幼儿园的生存经验,我之所以能"活"下来,并得到大家的认可,主要与我会聊天有关系。因为我能接触到数不胜数的家长、老师以及孩子,每天会跟他们说很多很多的话,也会听他们讲很多很多故事,这样一来二去,我就成了那个受欢迎的人,也就没被大家拒之门外,奇迹般地"活"了下来。

有了这些交流,我才发现,原来在有些家长眼里,幼儿园是个"暗箱",孩子进了幼儿园,每天发生了什么,家长基本靠猜。同时,我也发现,在老师那里,带孩子就像开"盲盒",打开"盲盒"得到什么样的孩子,基本靠运气。

家庭和幼儿园之间像是有一层窗户纸，彼此看对方都是朦朦胧胧的。这种模模糊糊的感觉，催生了不信任感，最终导致双方关系的不协调。我想，我既能和孩子聊天，也能和老师们对话，还能和家长们谈心，因此，我有优势去帮大家捅破这层窗户纸，为幼儿园的老师和家长架起一座桥梁，帮助他们更好地沟通，让孩子们能更快乐地成长。

这还是一本为家长减压的书。

如今"教育内卷"已经不是什么新名词了，它反映了现在家长面对孩子教育的普遍焦虑，此书有助你减轻养育焦虑。要知道，期望高是焦虑的源头。"解决焦虑"的需求催生了很多副产品，其中最典型的现象就是人们把教育功利化，把教育的功能无限扩大，把教育的起点无限前移。

把教育的功能无限扩大是什么意思呢？简而言之就是，很多人认为教育能解决一切问题。放眼国内培训市场，情商可以培训，财商可以养成，气质可以训练，兴趣可以发展，思维可以培养，性格可以改变，甚至连爱情秘籍也可以通过上课获得。初听起来这些都是培训班的广告语，但确实让不少人深陷其中。你不要认为这些想法离我们很远，其实很多家长的口头语就揭示了他们认为教育的功能是无界无疆的——"再不听话，我就告诉老师，让老师管管你。"为什么你就笃信你自己管不了的孩子，到老师那里就能变乖？这难道不是把教育的功能无限扩大吗？

再说说教育起点的无限前移。这个很好理解，在对孩子的高期待之下，家长自然想到让孩子早点起步，也就是常说的"别让孩子输在起跑线上""一切从娃娃抓起"。体育不行,从娃娃抓起;审美不行,从娃娃抓起;品德不行,从娃娃抓起;科技不行,还是从娃娃抓起……总之,越抓越早,甚至有父母在怀孕的时候就开始抓,而且不在少数。可你发现了吗?越抓越累!父母累,累在没有最早只有更早:你的孩子3岁学英语,我的孩子就1岁识字。最后比来比去,家长不仅掏空了钱包,还没了精力。可怜的是,孩子更累!过早、过重地让孩子陷入无休止的千奇百怪的训练中去,很可能早早地让他们失了兴趣,丢了童年。

从业的这十几年来,我见证了中国教育的迅猛发展,也亲身经历了学前教育的跨越式进步。可以说,当前全社会对教育的重视程度空前,特别是近些年来,伴随着"入园难""入园贵"等现象的出现,幼儿园的家长也普遍开始焦虑起来。

虽然脑科学等学科的发展表明,早期教育能带来非凡的效果,但这并不意味着什么内容都是适合提前学的。我给大家讲一个著名的心理学试验,相信能够帮助大家建立对早期教育的客观认识。这个试验叫作"双生子爬梯试验",它是美国心理学家格塞尔做的,试验对象是一对同卵双胞胎(女婴)。试验从这对女婴出生的第46周开始,试验前,她们连一级楼梯都爬不上。格塞尔先让第一个孩子每天进行爬楼梯训练,6周后,她已经能够顺利地爬上楼梯,且用时很短。随后,在这对女婴满53周时,研究者将另一个孩子放置在楼梯附近,结果,虽然她用时较长,但她在没有任何人帮助且没有经过任何训练的情况下,就能一直爬到该楼梯顶端。紧接着,格塞尔让这个孩子接受了连续两周的爬楼梯训练。到她们满55周时,尽管第一个孩子比第二个孩子早训练了 7 周,训练时长也是第二个孩子的 3 倍,但是她的爬楼梯成绩并没因此而优于第二个孩子。

  这个试验说明了什么呢?实际上,大量的研究已经表明,人的生长发展是有规律的,比如我们常说的"三翻六坐八爬",讲的就是孩子出生以后大肌肉动作的发展规律。其实孩子们在语言、数学、品德、艺术等领域都有一定的发展规律,如果加速训练、过早训练,得到的成果往往只是昙花一现。

  在幼儿园里待的时间长了,我就自诩"孩子王",看着孩子们天真烂漫地度过美好的童年,是一件无比幸福的事。因此,我想对各位爸爸妈妈说:请给你们的宝贝合理的期待。我猜,这应该也是孩子们的心声!

刘乐琼

Contents
目 录

Part 1 幼儿园的前世今生

第 1 章 穿越时空看幼儿园

004　幼儿园是怎么诞生的?

006　我国幼儿园教育的变迁

第 2 章 幼儿园的价值

010　为什么要让孩子上幼儿园?

012　孩子在幼儿园三年会发生哪些变化?

第 3 章 傻傻选不明白

016　选公办幼儿园还是民办幼儿园?

018　如何选择"好"幼儿园?

Part 2 入园前的准备

第 4 章 托还是不托？这是个问题

028　托育、托班、亲子园，有什么区别？

030　孩子一定要上托育机构吗？

031　怎样选择托育机构？

035　为什么我家孩子没朋友？

第 5 章 如何给孩子做好入园前的准备？

040　我家孩子快上幼儿园了，还需要穿尿不湿，怎么办啊？

041　入园前在饮食习惯上要做好哪些准备？

045　孩子没有午睡习惯，入园后能适应吗？

048　入园时需要准备什么物品呢？

050　入园要有仪式感

Part 3 宝贝入园了

第 6 章 一年一度"哇声一片"：入园适应期

058　孩子刚入园时都会哭吗？

061　老师是怎样帮助孩子适应幼儿园的？

064　孩子一见到老师就哭，是不是老师对他不好？

069　担心孩子在园不适应，给老师打电话也不接，怎么办？

071　过完国庆节，孩子就不爱去幼儿园了，怎么办？

第 7 章　幼儿园里的新鲜事儿：小班

076　揭秘小班阶段孩子的特点

079　孩子刚入园就挨"打"，怎么办？

084　孩子回家啥也不说，家长怎样了解孩子的在园生活？

090　家委那些事儿

092　家长群里的"生存法则"

095　生病那些事儿

100　受伤那些事儿

104　幼儿园的"神秘人"——保健医

110　吃饭那些事儿

114　如何看待虐童事件？

120　怎样才能提高孩子的自理能力？

122　孩子在小班的收获

第 8 章　"可算是省点心了？"：中班

128　中班孩子最明显的特点

130　五花八门的家庭任务

133　孩子"闯祸"怎么办？

137　揭秘中班孩子的一日生活

140　幼儿园换老师那些事儿

143　幼儿园阶段的性教育

146　孩子把幼儿园的东西拿回家了，怎么办？

149　孩子突然开始说脏话了，怎么办？

152　我对老师有意见，该怎么办？

156　教师节快到了，要送礼物给老师吗？

159　要给孩子报兴趣班吗？

161　怎样陪孩子过周末？

163　中班的时候，幼儿园主要培养孩子的什么能力？

第 9 章 "学而时习之，大班开始也？"：大班

168　幼儿园就是光玩儿不学？

173　幼儿园阶段，老师会教认字和拼音吗？

176　数学学习就是简单地学"1+1=2"吗？

179　孩子老看手机怎么办？

183　我家有个"爱哭鬼"，怎么办？

187　孩子就要上小学了，可做事总是拖拖拉拉，怎么办？

190　"双减"后，没有学前班了，孩子上小学可咋办？

195　小学和幼儿园有什么不一样？

198　第一次毕业对孩子很重要吗？

201　大班结束，孩子们做好入学准备了吗？

204　如何延续孩子的师生情和同学情？

Part 4
一些写在后面的话

第 10 章 关于幼儿园,您还有哪些不知道?

212　一些属于幼儿园的名词

215　幼儿园聘用老师的标准是什么?

220　特殊儿童入园指南

222　作为父亲和男园长,我给家长们的建议

附　录

每个孩子都能爱上幼儿园

Part 1
幼儿园的前世今生

第 1 章
穿越时空看幼儿园

1840年,福禄贝尔为"幼儿园"想到一个好听的名字——kindergarten,寓意"一群孩子在花园里"。在这样一所"美丽的花园"里,孩子如美丽的花儿,教师如勤劳的园丁。

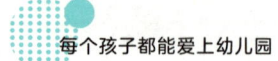

幼儿园是怎么诞生的？

Q 常 爸：

我个人如果对哪个事物感兴趣的话，就喜欢沿着这个事物的历史脉络去研究，所以我特别好奇，幼儿园到底是怎么诞生的？它的历史沿革又是什么样的？

A 刘乐琼：

其实，幼儿园的出现是社会发展的需要，最初是为了让妈妈们多干点活，听起来像一句玩笑话？让我带大家梳理一下。

在幼儿园出现以前，家庭几乎是学前教育的唯一场所，父母是主要的教育者，尤其是妈妈，担当了"幼儿教师"的角色。

让我们把历史的车轮推回到欧洲工业革命时代。那时候，蒸汽机的发明极大地促进了工业生产的发展，机器的效率远远高于人工，"流水线"作业的出现，迫使更多的人围绕在机器旁边，以保证生产出更多的产品。特别是类似纺织业这样的产业，急需大量的女性劳动者，于是很多妻子、妈妈、女儿走进了工厂，成为一名名女工人。这是时代发展的需要，也是历史的进步。

但是，妈妈们要去上班了，孩子们怎么办？把孩子们集中起来看护成为一种最好的选择——几个"老师"就能照顾一堆娃娃，效率简直太高了。

就这样，世界上第一所幼儿园诞生了！它是德国教育家福禄贝尔在1837年创办的一所儿童活动机构，那时候它还没被正式称为"幼儿园"。经过三年的思考，到了1840年，福禄贝尔终于想到一个好听的名字——kindergarten（幼儿园），寓意"一群孩子在花园里"。在这样一所"美丽的花园"里，孩子如美丽的花儿，教师如勤劳的园丁，多么有意境！

从那时算起，现代意义上的幼儿园诞生至今还不到200年。而我们国家第一所真正意义上的幼儿园出现得就更晚了，至今才120年。这所幼儿园几经发展，目前还在运行当中，它就是建于1903年的湖北幼稚园，也就是今天的湖北省实验幼儿园。

 园长爸爸说

幼儿园诞生后，广大女同胞们终于解放啦！不对！等一等，咱们再好好地想一想。广大女同胞们不仅要生孩子，还得干活养家，下班还要管孩子吃喝拉撒。该操心的事儿一样也没少，这是解放吗？！

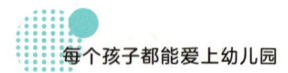

我国幼儿园教育的变迁

Q 常 爸：

我是"80后"，我们这一代人的爷爷辈们，大都出生在兵荒马乱的20世纪二三十年代，那会儿没幼儿园可上。

到了我们父母那一代，他们大都出生在20世纪五六十年代，那个时候不论是在城市还是在农村，只有极少一部分人能去厂矿、企业办的托儿所和幼儿园接受看护和教育。而到了咱们这一代，状况就有了很大改善。

A 刘乐琼：

咱们这一代人，虽然条件好了很多，但同样有很多人没上过真正意义上的三年幼儿园，很多人只上过一年学校附设的"育红班"，或者是父母单位办的托儿所、幼儿园。

到了我们的下一代，绝大多数孩子都能上家门口的幼儿园了。这些幼儿园大部分是公办的，少部分是民办的，虽然有的学费价格稍高，但孩子们几乎人人有园上了。

从无园可上，到部分孩子上托儿所、幼儿园，再到几乎每个孩子都有园上，这就是我国幼儿园教育变迁的一个缩影。

本章小结

◆ 幼儿园的出现是社会发展的需要。

◆ 世界上第一所幼儿园是德国教育家福禄贝尔在1837年创办的一所儿童活动机构。

◆ 我国的第一所官办幼儿园是建于1903年的湖北幼稚园,也就是今天的湖北省实验幼儿园。

第 2 章
幼儿园的价值

由不适应到适应,由害怕到不舍,由陌生到融入,由个体到社会,这就是孩子在幼儿园三年变化的缩影。

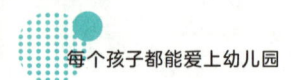

每个孩子都能爱上幼儿园

为什么要让孩子上幼儿园？

Q 常 爸：

很多家长着急把孩子送去幼儿园——"快去幼儿园吧，可算有人能帮忙看孩子了"。这个想法并不罪恶，因为我们要工作，还要有一点个人的生活时间和空间。但这样说是不是有点贬低幼儿园的价值？

A 刘乐琼：

作为一位学前教育工作者，我不会拿自己的事业开玩笑，但说实话，幼儿园的核心价值的确就是帮家长"看"孩子。我们自己给它起了一个专业的名字——保育服务，这就跟"家政"是对家庭生活中诸多事物的专业称呼一样。

当然了，除此之外，我们还提供教育服务。说起学前教育的价值，我给大家讲一个故事。

第二次世界大战后，美苏争霸开始，苏联在人类历史上第一次把卫星送上了太空，据说那颗卫星只有排球那么大，但是这一个小小的"排球"让美国颜面全无。当时《时代周刊》报道：

"美国向来以技术能力、科技实力和第一个取得成就而自豪，现在不论做出多少合理的解释，整个国家都陷入突然的、深深的失望中。"于是有人反思："我们面临的实际挑战涉及我们社会的根基，以及我们的教育系统，这是我们知识和文化的价值的源头。"由此，美国社会掀起了对教育进行反思的浪潮。

于是，人类历史上第一个以学前教育发展为主旨的政府行动计划诞生了，这就是发起于1965年，并持续了超过半个世纪的"开端计划（Head Start）"，它旨在实现教育公平，使3~5岁的儿童能够接受学前教育。这也成了学前教育史上一个大事件。

如今，各国政府都把教育视为提升劳动力水平、消除贫困、增强科技实力的重要手段，幼儿园教育也不例外。

Q 常 爸：

为什么政府会觉得给孩子们提供早期教育机会，能对社会的发展产生巨大的影响呢？

A 刘乐琼：

社会的发展离不开人的发展，这就是各国普遍重视人才培养的原因，而心理学、脑科学等领域的深入研究证明，在0~6岁这个阶段，儿童得到良好的教育对他们的身心发展具有十分积极的作用，有些影响甚至是终生的。很多人都听过印度狼孩的故事，狼孩在生命的早期丧失了与人类共处的机会，错

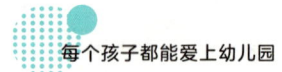

每个孩子都能爱上幼儿园

过了早期教育的时机,而且狼群给他留下的印记太深刻了,所以虽然他获救后与人类重新生活在一起,但他一生都无法完全适应人类社会的生活。

随着社会的发展、研究的深入,现在的幼儿园不再是单纯"看孩子"的地方了,它能为儿童在健康、语言、社会、科学、艺术等不同领域的发展提供良好的教育环境。

园长爸爸说

过去幼儿园的工作人员多被称呼为"阿姨",现在被称呼为"老师",这反映了幼儿园功能的变迁,也说明了幼儿园的双重功能。也就是说,大家把孩子送到幼儿园去,有"看护"和"教育"的双重需要。

孩子在幼儿园三年会发生哪些变化?

 常 爸:

孩子们在幼儿园度过的三年时光,放在人的一生中来看并不算长,但确实是很重要的三年,孩子在这期间的变化甚至可以用"神奇"来描述。

A 刘乐琼：

的确，我们老师天天跟孩子们打交道，经常会被孩子们巨大的发展潜力和奇妙的变化所震撼。他们在人生的初期，就像一棵棵幼苗一样，如饥似渴地沐浴着阳光，吸收着养分，开始突飞猛进地成长和进步。

孩子们的发展是方方面面的，我举个例子来说明孩子的进步：大多数孩子是"哭着来到幼儿园，又哭着离开的"。

哭本质上是一种情绪反映。同样是流泪、发声，但孩子刚来园时的哭和毕业时的哭，背后代表的情感完全不同，也昭示着孩子的成长。

刚来园时，孩子走出家庭迈向一个陌生的新环境，此时他们的哭是不安、焦虑、害怕之哭，他们往往是哭着喊着不要父母离开自己，这个哭声代表了他们对幼儿园新环境的不适应。待到面临毕业，即将离开幼儿园时，一个 6 岁的孩子抱着老师或其他小伙伴大哭，他表达的是离别之伤，留下的是感伤之泪。这表明此时的他已经与除父母之外的其他人——老师和伙伴，建立了深厚的师生情和友情，已经完全融入班级的大集体中，有了归属感。此时的他就如同写出《赠汪伦》的李白一样，用哭声吟诵了一首诗歌。

由不适应到适应，由害怕到不舍，由陌生到融入，由个体到社会，这就是孩子在幼儿园三年变化的缩影。

==孩子们的成长是老师的幸福之源，作为幼儿园园长的我，最幸福的事就是看着孩子们一茬茬地哭着来，又一茬茬地哭着走。==

本章小结

◆ 现在的幼儿园不再是单纯"看孩子"的地方了,它能为儿童在健康、语言、社会、科学、艺术等不同领域的发展提供良好的教育环境。

◆ 孩子们在人生的初期,就像一棵棵幼苗一样,如饥似渴地沐浴着阳光,吸收着养分,开始突飞猛进地成长和进步。

第3章
傻傻选不明白

一所幼儿园的"好"不在于它的名气有多大,牌子有多硬,特色的名字有多响亮。

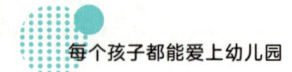

选公办幼儿园还是民办幼儿园？

Q 常 爸：

作为家长，我们经常听说"公办园""民办园""特色园""双语园""国际园"，等等。幼儿园具体是怎么分类的？请您给家长们科普一下。

A 刘乐琼：

咱们先说说"公办园"和"民办园"。这两类一听名字就知道区别了，一个是公办的，一个是民营的。判断幼儿园的办园性质，主要是看幼儿园的举办方及运营资金来源，资金是幼儿园办园质量的基础保障。

"公办园"就是政府或者有关部门举办的，或者军队、国有企业、人民团体、高等学校等事业单位、街道和村集体等集体经济组织利用财政经费或者国有资产、集体资产举办的幼儿园。军队办园，像空军蓝天幼儿园，高校办园，像北大附属幼儿园、北师大幼儿园，这些幼儿园都属于"他办"幼儿园；而政府办的幼儿园往往又自成体系，叫作"教办"幼儿园。大家可能会问，这个区分有什么意义呢？

这些幼儿园虽然同为公办，它们的资金来源却因为举办者不同而不一样。"教办"幼儿园的资金大都来自政府财政，它们一般属于全额拨款单位。而"他办"幼儿园的资金来源比较多元，一部分来源于保育教育费收入，另一部分来源于政府补贴，还有少部分来自主办单位的支持。这两类幼儿园比较起来，"教办"幼儿园的资金往往更加稳定、充裕。

民办幼儿园，也就是个人或者企业投入资金举办的幼儿园，大家常称之为私立幼儿园。维持这类幼儿园运转的主要资金来源就是保育教育费收入。这就是在 2010 年以前很多幼儿园高收费的原因，它们不仅要维持运营，还有部分举办者把办园当作逐利的手段。当然，现在这种幼儿园非常少了，相当数量的民办幼儿园接受了来自政府的财政补助，但前提条件是必须限价收费。所以，限价的民办幼儿园往往跟公办园按照同等标准收费。当然，一小部分高价幼儿园仍然存在，它们也满足了不同家庭的教育需求。

 园长爸爸说

假设把一所幼儿园所有的收入都投入幼儿园的运营中，我们会发现："教办"幼儿园是缺啥要啥，"他办"幼儿园是有啥花啥，限价民办幼儿园是收啥花啥，高价民办幼儿园是花啥收啥。

我说得这么明白，大家懂了吗？

Q 常 爸：

刘园长，您作为一名教育工作者，为什么会这么直白地谈钱呢？

A 刘乐琼：

没钱怎么留住好老师？没钱怎么给孩子提供优质的教育环境？所以这个逻辑无须避讳，也不能避讳。

如何选择"好"幼儿园？

Q 常 爸：

刚才咱们从幼儿园内部的经营方式分析了幼儿园的分类。家长最关心的还是怎么选"好"幼儿园。但有很多信息看不见，摸不着，家长无从下手。

A 刘乐琼：

咱们先说一下这个"好"字。我认为幼儿园的口碑很重要，自己说好不叫好，老百姓说好才叫好。我可以直接说结论：家长选幼儿园时，不要迷信什么一级一类、示范幼儿园，也不要盲信"双语""国际""艺术"等那些五花八门的名头。因为这些所谓的一级一类、示范幼儿园基本是行业内选出来的，有同行给同行叫好之嫌，虽然这些称号有一定的含金量，但毕竟还是行业内认定。特色就更不必说了，大多只是宣传的广告词。比如，有一些双语幼儿园其实就是请了一个"外教"每周给孩子上一节课而已，还有一些号称可以让孩子学高尔夫、马术的幼儿园，也不过是一年带孩子去高尔夫球场或者马术俱乐部参观一两次而已，家长千万不要被这些包装出来的噱头所迷惑。那选幼儿园要看什么呢？就看这些幼儿园所谓的特色落地的实际情况，比如是否有时间、空间、人力上的保障。

Q 常 爸：

也就是说，家长在为孩子选幼儿园的时候要擦亮眼睛。一所幼儿园的"好"不在于它的名气有多大，牌子有多硬，特色的名字有多响亮，而在于它的各类特色的落地情况，以及它对孩子是不是真正有益。那您觉得选幼儿园有没有妙招呢？

A 刘乐琼：

我分享几个选园的妙招给大家。

第一个妙招，打开手机地图，搜索您家 3 千米范围内的所有幼儿园，因为距离近是选幼儿园需要首要考量的条件。孩子未来要在这里度过三年时光，路途近，孩子每天的睡眠时间会更有保障，家人接送也会更便利。并且，孩子在园里随时都会发生各种状况，比如把裤子尿湿了，您可能要送条裤子到幼儿园去，这时候离家近就是很大的优势。

第二个妙招，采访对应幼儿园的学生家长。 选几个您心仪的幼儿园作为考察对象，不用看它叫什么名字，挂了什么牌子。您在幼儿入园、离园的时候，到幼儿园门口去找十几个家长问问。如果七八成家长都说好，这样的幼儿园就可以选。家长的口碑是幼儿园好的最佳证明。

第三个妙招，选择一个非周末的时间，到访幼儿园的门卫室。 如果保安师傅遵守规范，说什么都不让您进，说明幼儿园的安全工作做得让人放心。要知道，安全可是对幼儿园最基本的要求！接着，您再追问幼儿园的基本情况，比如一共有多少个班、怎样报名等问题。如果保安师傅彬彬有礼、对答如流或者能给您一些指引，说明这所幼儿园的管理水平不错。为什么呢？幼儿园的保安师傅一般都更换得比较频繁，如果保安都具备了基本的素养，这就说明幼儿园的管理已经延伸到"神经末梢"了，非常到位，没有松懈。

第四个妙招，打电话到幼儿园的招生办。 如果负责招生的老师能对自己幼儿园的情况了如指掌，能够特别具体、细致地介绍饮食起居、课程游戏等方面，这样的幼儿园一般没问题。比如您问幼儿园的餐点是什么情况，如果一个招生老师简单地说，我们提供的是几餐几点、营养丰富，而另一个招生老师说，小班孩子的点心都是小动物形状的，为的就是让小不点儿们一开始就喜欢上幼儿园的饭，这两者是不是高下立判？实践证明，大多数教育机构喊喊口号很容易，但践行自己的教育理念还是很难的。

第五个妙招，实地参观幼儿园，这几件事情一定要了解。

第一，幼儿园一共有多少孩子？有了这个数字，您就能估算这所幼儿园室内、户外场地的人均面积啦！人均面积越大越好。第二，看一看孩子们睡觉、吃饭、玩玩具的地方，了解玩教具是不是充足，教学设施是不是合适。当然了，光听介绍还不够，您要判断一下，这些五花八门的玩具，自家孩子能不能用得上、玩得上。第三，这一点很关键，不要光看外表光鲜的地方，一定要去孩子们的卫生间看一看，卫生间干干净净、没有特殊味道、物品整整齐齐，才算得上基础生活服务达标。

第六个妙招，浏览幼儿园的网站或者微信公众号。 大多数幼儿园都有自己的网站或者微信公众号等平台，浏览这些平台，看看里面都有哪些内容。这些平台都是专门给家长看的，所以作为准幼儿园家长，您能不能从中找到自己想看的内容，很大程度上决定了这所幼儿园今后能不能为您提供心仪的服务。

还有一个妙招，如果您想了解这所幼儿园的师资情况，可以试着查一查这所幼儿园的招聘启事。 招聘启事上对人才的要求越高，师资队伍的整体水平就可能越好。比如学历水平、经验情况、薪资待遇等都是反映师资队伍水准的风向标。

最后，可以带着您家孩子来幼儿园看看。 问问孩子，喜不喜欢这个幼儿园，帮他喜欢上您看中的幼儿园，就为他今后爱上这所幼儿园奠定好了基础。

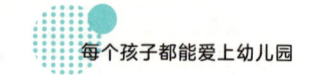

Q 常 爸：

孩子几岁上幼儿园最合适？晚点入园可以吗？

A 刘乐琼：

幼儿园其实是一个孩子随时可以来，又随时可以走的地方，因为它不属于义务教育，孩子什么年龄入园也是按照家长自愿的原则，也就是说，您家孩子不上幼儿园也是可以的，前提是您愿意。一般情况下，孩子满 3 岁可以入小班。当然，现在也有幼儿园招收 2 岁或者 2 岁半以上的孩子入托班，家长可以根据需要选择，这一点和义务教育入学有很大的差异。

Q 常 爸：

如果让孩子 4 岁直接上中班可以吗？

A 刘乐琼：

当然可以，只要幼儿园有空额学位并接受插班生就可以。

本章小结

◆ 家长选幼儿园时，不要迷信什么一级一类、示范幼儿园，也不要盲信"双语""国际""艺术"等那些五花八门的名头。

◆ 选园妙招一：距离近是首要考量条件；选园妙招二：家长口碑是最佳证明；选园妙招三：从保安师傅素质看幼儿园管理水平；选园妙招四：与招生办老师聊一聊；选园妙招五：实地参观幼儿园，算人均面积、看空间设施、查卫生状况；选园妙招六：浏览幼儿园网上平台，了解相关内容；选园妙招七：查看幼儿园招聘启事；选园妙招八：带孩子去幼儿园看一看。

每个孩子都能爱上幼儿园

Part 2
入园前的准备

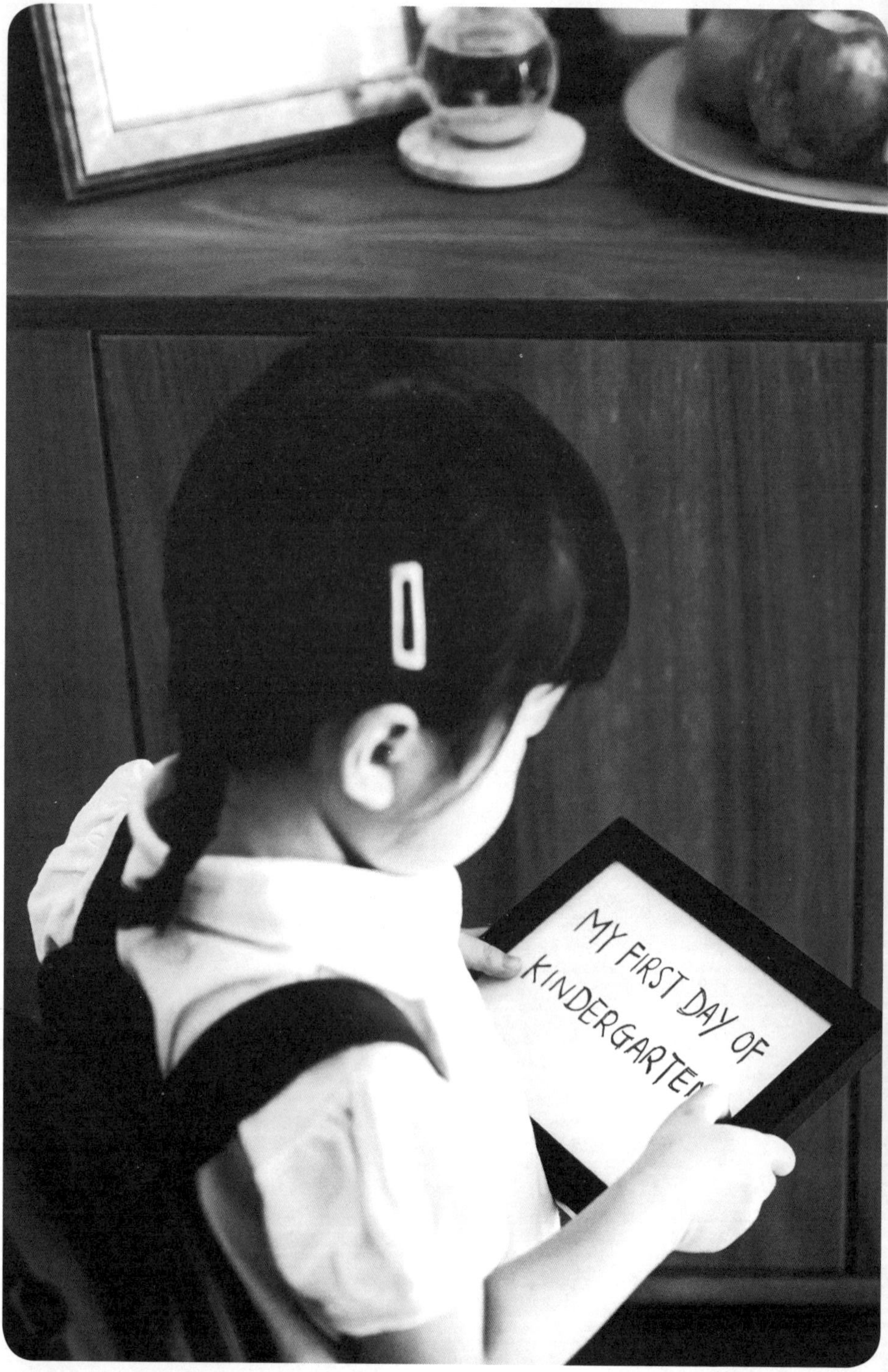
MY FIRST DAY OF
KINDERGARTE

第 4 章
托还是不托？这是个问题

"托"就是托管之意，而"育"有两层含义，是"保育"和"教育"的合称。孩子的年龄越小就越需要"保育"。

托育、托班、亲子园，有什么区别？

Q 常 爸：

"托育"这个词走进大众视野其实是近几年的事。随着我们国家鼓励二孩、三孩的生育政策陆续出台，低幼儿童的看护需求成为一种刚需。很多"70后""80后"家长感叹，好不容易把老大养大，老二老三来了谁给带？很多老人也发愁，刚把大孙子带到了上小学的年龄，正想放松放松，没想到二孙子、三孙子又呱呱坠地……小小孩家长们经常讨论的上"托育""托班""亲子园"都是怎么回事？它们是怎么诞生的？历史沿革又是什么样的？

A 刘乐琼：

先说它们相同的地方吧。这三者之间的共同点就是它们都为 0~3 岁的孩子提供学前教育服务。

其实之前我们提到的新中国成立初期的"厂办托儿所"就是托育机构，那个时候，招收 3 岁以下儿童的场所叫托儿所，招收 3~6 岁儿童的场所叫幼儿园。在那个年代，这两者之间的区分没有很严格，比如有些幼儿园也会招收不满 3 岁的孩子入园，为他们单独编班，这就是托班。我所供职的中国科学院幼儿园直到 2010 年，还在提供托班服务。

==托育和托班共同的地方就是都能为不满 3 岁的孩子提供服务。==不同的是，托育是单独设置的机构，而托班是附设在幼儿园内的。两者还有一个区别，那就是它们的"娘家"不同。按照现行规定，托育机构归属于卫健委系统管理，而托班跟幼儿园一样，归属于教育主管部门管理。由于托班与幼儿园同属于一个系统，所以更具备与幼儿园小班衔接的功能。

我们再谈谈亲子园，它的另外一个名字叫作早教机构。它与托育、托班的共同点是，它们都是为 0~3 岁孩子提供保育教育服务的机构。它们最大的区别从名字上就能看出来，它之所以叫"亲子园"，是因为孩子在这些机构上课时大都需要孩子的家长陪同，而且往往是提供计时制的服务，因此不能真正起到解放看护者的作用。不过，随着托育行业被重视，发展前景被看好，有些早教机构也逐步向托育转型。

一句话总结，托育就是托儿所换了个"马甲"，托班是幼儿园开的"小小班"，而亲子园就是您得陪着孩子去上的计时制的托儿所。

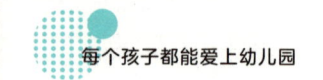

孩子一定要上托育机构吗？

Q 常爸：

小区附近开了一家托育机构，有些父母看到很多人给孩子报名去上托育，就着急了。不把孩子送去托育会不会耽误孩子的成长？

A 刘乐琼：

对一个家庭来讲，要不要把 0~3 岁的孩子送到学前教育机构，是选择早教、托班还是托育机构，最重要的还是看家长的需求。

如果您有非常急切的看护需求，以便于"解放劳动力"，那托育会是一个不错的选择。托育为什么叫"托"呢？其实就是托管的意思，比如家长早上上班前把孩子送到托育机构，就可以去忙自己的事情。如果是全日托的话，等到下午五六点钟再把孩子接走，孩子在托育机构里要经历一天的生活，包括吃喝拉撒睡。有的托育机构也提供半日托、小时托等不同类型的服务，还有的也开展亲子业务，怎么选关键看您的时间。

当然，很多家长把孩子送到托育机构，也是为了孩子的教育。的确，托育机构也会提供一些促进儿童动作发展、语言发展等方面的课程，各位家长可以综合考量。但是，家庭是幼儿最重要的教养场所，如果看护人的时间充裕，并不一定非得跟风把孩子送到托育机构去，也千万别想着用托育机构完全代替家庭养护。

说到底，如果家中有人看护孩子，让孩子在家也是个不错的选择，若没人在家帮忙看护，送孩子去机构就成了一个重要的选项。比如，双职工家庭可以考虑把孩子送到家附近的托育机构，早上送去，晚上再把孩子接回来，可以很大程度上减轻家长的负担！

怎样选择托育机构？

Q 常 爸：

选托育机构，应该和选幼儿园有共同之处，上面您分享的妙招，家长可以接着用。但是要选一个照管小宝贝的托育机构，有什么需要家长特别关注的要点吗？

A 刘乐琼：

选一个好的托育机构要看一个核心指标，那就是它能不能把孩子"托育"好。

==如果一个托育机构跟您特别强调它有多么丰富的课程，多么完善的教学体系，那您得格外小心了，这极有可能是为了吸引您的眼球。==在这个时期采取适当的教育措施，确实有利于儿童的发展，但不能一味地强调"教育"，托育之所以被称为"托育"，是因为"托"就是托管之意，而"育"有两层含义，是"保

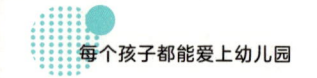

育"和"教育"的合称。孩子的年龄越小就越需要"保育"。

Q 常 爸：

那请您具体说说注意事项。

A 刘乐琼：

家长为宝宝选择一个值得托付的地方，首先要看它是否是一个安全的地方。比如它的消防设施是否合格、场地是否合格、食堂是否合格，等等。当然，对于家长来说，去检查这些项目是否合格，肯定存在困难。家长们可以问问该机构是否是备案的、有资质的。一般情况下，如果它备案了，那自然有专门的部门替家长们提前检查过了。在这个基础上，家长可以再重点查看两个方面：一是孩子出现了小病小闹，机构会怎么应对。因为小不点儿们年龄太小，常会出现各种身体状况，如果机构的应急处置能力、家园沟通能力、医护能力等各方面都很强，会让您放心不少。对于这一方面，您可以问机构负责人一个问题：孩子生病了，你们怎么处理？如果他们在反应速度、沟通及时性、医疗保障等方面都处理到位，说明他们还是具备一定的专业实力的。第二方面就是了解一下机构的监控系统是否完善，是不是做到了全覆盖，这同样也是因为小不点儿们太小了，既对周边环境充满好奇，又对安全隐患缺乏预判能力，这时候有监控可以为孩子的安全增加一层保障。

其次，要看看机构是否具备照顾小小孩的能力。吃喝拉撒睡对 0~3 岁的幼儿来讲就是最伟大的事业，如何把这个年龄段的孩子照护好，是托育机构的首要任务。有的托育机构招收的孩子最小才半岁，那么如何喂奶，如何添加辅食，如何洗护，如何排便，睡眠环境如何，这些都是家长必须要详细了解和判断的。比如小小孩都得多晒晒太阳，但如果一个托育机构连个户外场地都没有，您就得谨慎选择了。有机会的话，您还可以参观一下食堂，重点了解里面是不是整洁卫生，食谱搭配如何，孩子吃几餐，什么时间吃，等等，您可以顺便问问机构负责人：如果孩子到了定点吃饭时间还不想吃怎么办？这里特别需要注意的是，孩子年龄越小越得强调"顺应喂养"（您可以理解为既不饿着孩子，也不强迫孩子吃饭），照顾者要能识别婴幼儿发出的饥饿和饱足信号（动作、表情、声音等），及时做出恰当的回应，应多采取鼓励的方式，不要强迫婴幼儿进食。

再次，看看教师队伍的配比如何。 按照要求，机构应该配齐配足工作人员，比如师生比应该达到如下基本要求：乳儿班（6~12 个月）1 : 3，托小班（12~24 个月）1 : 5，托大班（24~36 个月）1 : 7。

托育机构一般设置三种班型

18 个月以上的婴幼儿可混合编班，每个班不超过 18 人，每个班的生活单元应当独立使用；
合理配备保育人员，其与婴幼儿的比例应当不低于以下标准：

乳儿班	托小班	托大班
1 : 3	1 : 5	1 : 7

目前来看,由于我国的托育行业刚刚起步,队伍整体正处在培育期,碰上有经验的老师还是比较难的。另外,因低幼儿童特别需要强调卫生保健,您要重点看看托育机构的保健医生的配备情况,如果这个机构连保健医生都不舍得配,那不去也罢,因为它完全没有弄明白托育的核心任务。

==最后,看看托育机构的作息时间表。==

某托育机构托大班的作息时间表如下:

时间	活动安排	时间	活动安排
8:00—8:30	晨间室外活动	12:00—14:30	午睡
8:30—9:00	自由游戏	14:30—14:50	水果点心
9:00—9:20	水果点心	14:50—15:50	室外体能活动
9:20—9:40	团体或小组活动	15:50—16:10	饮水
9:40—10:00	饮水	16:10—16:30	团体或小组活动
10:00—11:00	室外体能活动	16:30—17:00	晚餐
11:00—11:20	自由游戏	17:00—17:20	自由游戏
11:20—11:50	午餐	17:20—17:30	离园
11:50—12:00	餐后自由活动		

每个机构都会有自己不一样的作息时间安排,但都包含了孩子一日的活动,包括您关心的吃喝拉撒睡,还有学习和游戏等所有的信息。

我特别提醒家长要关注这张表里的两件事:一是每天孩子

都应该有户外活动时间，一般不少于 2 小时，而且除特殊原因外，不可以用室内体育活动代替，因为孩子需要在室外沐浴阳光。二是关注一下孩子的活动、游戏是通过什么方式进行的，越是年龄小的孩子，越应该有更多动手操作的机会，越应该有更多与成人单独互动的机会，以此来充分保障孩子的自由活动、自由游戏时间。很多机构看起来活动内容挺丰富，但形式都是把孩子聚在一起听老师讲，这对于低幼孩子来说，无异于"听天书"。

如果一个正规的幼儿园招收托班孩子的话，只要家长有需求，都可以去试试，因为它办在幼儿园里，与小班的衔接性会更强一点，但它一般只接受 2 岁以上的孩子入园。

另外，从对托育机构的要求和托育机构自身的宣传来看，我只能提醒家长一句，因为托育这个行业的发展时间还不长，未达到成熟的状态，所以您在选择机构时，还是尽量选那些有资质认定或有品牌影响力的机构，毕竟这些机构是有人替您检验过的，会让您更放心一些。

为什么我家孩子没朋友？

Q 常 爸：

我跟很多父母曾一起交流过孩子上托班的事儿。他们都有一个很大的疑惑：孩子放学的时候，怎么从来没听他兴高采烈地说起自己在机构里与好朋友的事儿？孩子甚至都说不清楚在那里的一天都发生了什么，父母感觉挺沮丧的，也有些担心。

A 刘乐琼：

或许是因为我们这些大人长大太久了，早就把童年的许多记忆丢失了，因此当我们面对自己的孩子时，完全回想不起来当初自己也如他一样。其实在3岁以前，您也是几乎没朋友的，您的眼里或许有您爱的亲人，他们可能是您的爸爸、妈妈、爷爷、奶奶、姥姥、姥爷，还有兄弟姐妹，但您其实更爱自己。您对自我的关注胜过对周围一切事物的关注，您对身边经过的人兴趣不大，但当您看中了他手里的玩具或者他看中了您手里的玩具时，你们或许能产生热烈的互动，这种互动可能是推搡、抢夺……您说这样的互动能产生我们成人眼中的友情吗？

Q 常　爸：

这让我想起揠苗助长的故事。植物的生长一般要经过种子萌芽、抽枝散叶、开花结果的过程，如果萌芽期就想让它结果子出来，可以说是痴心妄想，就算是再厉害的基因技术也不能改变这样的自然规律。

A 刘乐琼：

对，这样的比喻也适用于人的发展，人的发展有自身的规律，我郑重地把这些写在下面供家长参考，这几条也是本书想传达给大家的核心观念：

第一，幼儿的发展是一个持续、渐进的过程。

第二，幼儿的发展同时也表现出一定的阶段性特征。

第三，每个幼儿在沿着相似的进程发展，但各自的发展速度和到达某一水平的时间不完全相同。

回到交朋友这个话题，两个 1 岁大的孩子在一起玩，不论双方父母之间的关系如何亲密，他们都是各玩各的，他们更关注的是自己的父母，直到 1 岁半以后，他们才可能开始对对方产生兴趣。虽然他们此时的交往内容和形式复杂了不少，但实际上真正的互动还是较少。直到 2 岁半左右，他们才逐渐适应与抚养者分离，与同伴在一起时，他们会一起玩耍，但要想他们建立相对稳定的同伴关系，那得等到四五岁以后了。也就是说，大部分在托育阶段的孩子都处于"老死不相往来"的状态，不能强求他们。如果孩子已经表现出对同伴的兴趣，那就鼓励他们一起玩。有些孩子从小就开始玩在一起，长大了还在一起，那就是发小儿了，这种关系有可能超越普通的友谊！

最后，我推荐大家上网查看一下国家卫生健康委员会发布的《托育机构保育指导大纲（试行）》，它可以让大家客观地认识自己孩子的发展需求，科学地评价托育机构的质量，也可以将学到的知识运用到自己的养育中去。

本章小结

- 家庭是幼儿最重要的教养场所，如果看护人的时间充裕，并不一定非得跟风把孩子送到托育机构去，也千万别想着用托育机构完全代替家庭养护。

- 幼儿的发展是一个持续、渐进的过程；幼儿的发展同时也表现出一定的阶段性特征；每个幼儿在沿着相似的进程发展，但各自的发展速度和到达某一水平的时间不完全相同。

第 5 章
如何给孩子做好入园前的准备？

入园准备期的核心价值就是帮助孩子对未来产生期待。孩子参与了家人和他一起做入园准备的过程，不仅收获了祝福，还会认识到成长是一件能给自己和家人带来快乐的事情。

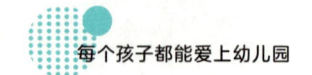

我家孩子快上幼儿园了，还需要穿尿不湿，怎么办啊？

Q 常 爸：

刘园长，咱们聊聊入园准备。很多家长在孩子入园前，总会为这个问题着急："我家孩子快上幼儿园了，还需要穿尿不湿，该怎么办？"

A 刘乐琼：

与其说是孩子脱不掉尿不湿，不如说是家长脱不掉。排除极个别的特殊情况（如生理和心理原因），绝大多数孩子在3岁前都能扔掉尿不湿。如果孩子3岁了还戒不掉，只能说明"比起您的孩子，您更相信尿不湿"。

幼儿排便的习惯是可以培养出来的，孩子能够自主排便需要三个基本条件：一是有排便愿望时能够"说"出来；二是神经和肌肉发育完善，有控制排便的能力；三是孩子具备使用厕具、穿脱裤子、擦屁股等能力。

当您意识到孩子有便意时，要问孩子是否要排便，并引导他使用厕具，多练习几次之后，孩子要么会在有便意前就告诉大人，要么就会自己去找厕具解决。这是家长引导、反复练习的结果。这就跟学车时要"反复摸车"是一个道理。所以家长要多尝试引导，说不定孩子只用一个月就能养成习惯。哪怕还不能让孩子自主如厕，至少可以让孩子能告诉成人自己有便意，而不是直接随意大小便。"有困难，找老师"是孩子在幼儿园的"终极法宝"，掌握这项技能，孩子在幼儿园的问题就解决了一大半。

孩子入幼儿园初期尿湿裤子是一个非常正常的现象。家长们大可放心，一般情况下，老师都会及时发现，并帮孩子换一套干净的衣服，家长提前给孩子多带几套换洗衣服就好。

我要告诉您的就是，想让孩子脱掉尿不湿，就要和孩子共同承担尿湿裤子和鞋的风险。这并不丢人，用我们小朋友的一句话就是"我尿床怎么啦"！

入园前在饮食习惯上要做好哪些准备？

Q 常 爸：

孩子在幼儿园能不能吃好，是家长最关心的话题之一。那么在孩子的饮食上，入园前要做好哪些准备？

A 刘乐琼：

饮食的意义，对中国人来讲，不仅仅是满足口腹之欲。有时邻居们见面问候，说的都是"您吃了吗"；陌生的朋友第一次见面，有可能吃一顿饭就变成了熟人；两口子过不下去了，会说"吃不到一个锅里"……吃，简直就是中华文化的一种体现形式。要想帮孩子做好入园饮食习惯上的准备，我们还得了解幼儿园和家庭餐饮文化上的差异，差异越小，孩子适应得越好。

Q 常 爸：

刘园长可以给我们详细地说一下该怎么做吗？

A 刘乐琼：

首先，尽量减小"流程"上的差异。 幼儿园一般都提供三餐两点，部分幼儿园不提供早餐或者晚餐。按照一般幼儿园的安排，孩子们基本上是间隔两小时左右吃一顿，幼儿园提供餐食的时间一般如下：

8:00	早餐
9:30	水果点心
11:30	午餐
14:30	水果点心
16:30	晚餐

而喝水的次数更多，大约每小时一次。一般来园时、教育活动后、户外活动前后、午睡起床后、游戏活动后，老师都会

安排孩子们饮水，每次饮水量大约为 100 毫升。与此形成鲜明对比的是，孩子在家里的吃饭喝水往往很随意。

再者，减小"工具"上的差异。 幼儿园的进餐基本上都是孩子独立完成的，且他们一般都会用到勺子，所以让孩子能使用勺子独立进餐是一个必要的准备。在家里，从孩子 1 岁半开始，家长就可以试着给他一套独立的餐具。虽然刚开始的时候，孩子的桌面肯定会"惨不忍睹"，但时间长了，孩子就会自己吃饭了。

再说说喝水。在幼儿园里，孩子们通常都是用便于清洁及消毒的水杯喝水的。我们观察发现，很多孩子在入园时还习惯于用带吸管的水壶喝水，所以每到用水杯喝水的时候，他们就经常容易把水洒在胸前，把衣服弄湿一大片。其实用水杯喝水这件事儿，孩子在 1 岁半左右就可以开始尝试了。

Q 常 爸：

据我了解，很多幼儿园和家庭在养育理念上也有很大的差异，这会对孩子入园造成困扰吗？

A 刘乐琼：

您提到的养育理念也是很关键的一个问题。如果家庭和幼儿园在养育理念上的差异太大，对孩子入园还是会有影响的。比如，吃饭、喝水是人的自然生理需求，不当的喂养理念却让这些原本自然的事情变得困难起来。

我们发现有很多家长常常在家里追着孩子喂饭、喂水，周末您如果去广场上观察一下,就会发现,有一些爸爸、妈妈、爷爷、奶奶经常趁孩子不注意,就给孩子塞一口吃的或喝的。这种做法既不定时定点,也不定量定标,而且他们更不会问孩子当下的感受——是不是渴了,是不是饿了。这样养育出来的孩子,等他们上幼儿园后,往往对喝水、吃饭无欲无求,只会被动等待。还有一类孩子也特别典型,他们在幼儿园吃饭的时候,喜欢把嘴里塞得满满的,但就是不往肚子里咽,他们懒得去咀嚼食物。究其原因,我们发现原来是他们长期在家吃"软饭"。各种糊糊、流食使他们的牙齿丧失了"咬、切、磨"的基本能力,从而导致稍微块大的、粗糙的食物,都会让他们感觉难以下咽。

此外,老人带孩子往往秉持着一些传统的观念,特别是在吃喝这些大事上,往往自有主张,而年轻父母经常会被他们的一句"你就是这么被我喂大的"唬住。给大家一个建议,年轻一代父母能接触到的信息量是相当巨大的,也很容易获得科学的养育方法,作为亲爹亲妈的大家可以多试着用科学去武装共同养育者的头脑。

总之,在入园前,让孩子养成良好的生活习惯,有助于孩子更快、更好地适应幼儿园生活。

孩子没有午睡习惯，入园后能适应吗？

Q 常 爸：

很多孩子属于"精神头"比较足的一类，他们从小就很活跃，上幼儿园前没有定点午睡的习惯。这类孩子不在少数。如果孩子没有午睡习惯，入园以后能适应吗？

A 刘乐琼：

作为园长，我常常跟老师们强调，吃喝拉撒睡是幼儿园的孩子们最伟大的事业，也应该是我们最关注的事情。对于孩子来讲，如果入园时他们在这些事情上的困难少一些，确实能更快适应幼儿园，他们自己也会更有成就感。试想，入园初期，当别的孩子还在尿裤子、等着老师喂饭喂水的时候，您家孩子就能自己做得井井有条，收获羡慕眼神的会是谁？成为榜样的又会是谁？当然就是您家那个"吃喝拉撒睡"冠军！

我们说一下午睡这件事情吧！睡觉也是一门大学问。幼儿园一般的午睡时间是 12:00—14:00（有的会到 14:30）。入园初期，有很多孩子在其他时间段情绪都挺好的，但一到午睡的时间就哭闹起来。

要知道，对于孩子来说，午睡时他们特别需要一个安全的心理环境。有些孩子一到要睡觉的时候就会想起爸爸妈妈，这都是很正常的现象，这时，老师们会守在那些不能顺利入睡的孩子旁边拍睡、哄睡，陪伴着孩子入睡。这一点家长们大可放心。家长能配合做什么呢？如果家长能在家提前给孩子们调整一下睡眠时间，使其尽量跟幼儿园一致，那就更好了。细心的家长会发现，将来孩子的作息节奏就是从这个时期开始形成的，它对孩子的影响很长远，甚至会影响孩子的一生。

Q 常 爸：

是啊，说起作息时间，其实从孩子入园那天开始，他们就在学习如何适应今后的学习和工作节奏了。

A 刘乐琼：

是的。所以我想跟大家多说几句。孩子 8：00 入园，中午休息，晚上 5：00 离开，这跟他们今后的中小学学习节奏基本一致，跟未来的工作节奏也差不多。从这点看，家长不可不重视孩子们的作息规律培养。一般来讲，孩子们在晚上 9：00 前睡觉，早上 7：00 前起床，是一个比较合理的时间安排。孩子在家里的作息越规律，在幼儿园的午睡就越能得到保障，而且 3~6 岁的孩子每天要有 10~12 个小时的睡眠时间，这样才有利于他们身体和大脑的发育。

不过，如果孩子在家没有午睡的习惯，您也不必过于担忧。据我们观察，当一群孩子一起午睡时，绝大部分孩子都能睡着，包括那些在家从来都不午睡的孩子。如果有的孩子确实睡不着，老师也会让他在不打扰别人的前提下，闭目养神一会儿，或者做些安静的游戏。

其实，就算是孩子吃喝拉撒睡的习惯都没有在入园前培养好也没关系，幼儿入园初期，这些都是重要的培养目标。老师会帮孩子们尽快掌握这些技能，您也会发现孩子入园后不到俩月，该会的都会了，因为老师们会给他们试错、练习的机会，还会用儿歌、故事等多样的方式引导他们。

比如下面这首《洗手歌》，就可以很好地引导幼儿学会洗手。家长可以在家带着孩子学一学，用一用。

洗手歌

打开水龙头，冲湿小小手。

关上水龙头，拿起小香皂，搓出小泡泡。

放下小香皂，手心搓一搓，

手背搓一搓，手指交叉搓一搓。

小手拉钩钩，小老鼠钻洞洞，

小老鼠钻洞洞。（一只手五指指尖并拢，在另一只手掌心转圈搓）

拧拧小螺丝，拧拧小螺丝。（握住大拇指转一转）

拧拧大螺丝，拧拧大螺丝。（握住小手腕转一转）

打开水龙头，小手冲干净。

关上水龙头，小手亲一亲。

谢谢水龙头！

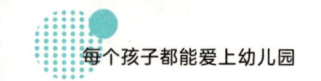

入园时需要准备什么物品呢？

Q 常爸：

这个问题，几乎每位家长都关心！孩子上小学前要准备书包、文具，那么入园前需要准备什么物品吗？

A 刘乐琼：

对孩子来说，这是他跨出家庭走向社会的第一步，就跟女儿出嫁一样，家长得送点儿"嫁妆"。准备的东西因幼儿园不同，可能会有一些差异，一般包括但不限于以下物品：

家庭照一张。孩子刚入幼儿园时，老师一般都会向家长要一张家庭照，布置到教室的环境中去，让孩子们发现原来爸爸妈妈也在教室里啊，从而更有安全感。因此，在孩子入园前，一家人可以去照相馆郑重其事地拍一张家庭合影，就跟拍结婚照、毕业照一样，这能让孩子知道爸爸妈妈对他上幼儿园这件事情是多么重视，心情是多么愉悦。

孩子近期证件照若干。孩子到幼儿园后，会有一套自己的专属物品，比如小床、水杯、衣帽柜等。为了帮助孩子建立物权的概念，老师会请您带几张证件照贴在孩子的个人物品上，以便孩子识别哪里是自己的"领地"。需要注意的是，准备这些照片的目的是为了方便孩子通过照片认识自己的物品，因为他们还不识字。但是，我们每年都会发现有一部分家长提供的照片让人哭笑不得，有的甚至把孩子婴儿时期的大头贴送来，结果孩子根本不认识自己的样子,也没办法找到自己的"领地",那就很尴尬了。

==方便运动及穿脱的鞋子、内外衣裤若干套。==孩子们入园后,每天都会有在室外活动的时间,会有很多锻炼大肌肉的运动项目,比如走、跑、跳、钻、爬,还会玩滑梯等设施,家长最好为孩子选择适合运动的鞋子,而不要选择材质硬的皮鞋、靴子、鞋底滑的鞋子或者是露着脚指头的鞋子。同样,衣服也最好选择便于运动的款式,尽量避免穿短于膝盖的裤子,以及有绳带的裙子或者上衣,防止孩子运动时磕伤膝盖或者滑梯等设施钩住衣带发生危险和意外。此外,鞋和衣物要方便穿脱,因为孩子每天在幼儿园睡觉前后都要穿脱鞋子,所以鞋子最好是"一脚蹬"或者是带粘扣的款式,上衣最好是带拉链、按扣儿或者套头的,切记不要单纯为了漂亮而让孩子穿华而不实的衣服,一切应以孩子穿脱方便、舒适为主。至于多准备几套衣服,是为了当孩子弄湿衣裤后及时更换。一般建议孩子穿一套再带一套就好了。带这么多衣物自然要给孩子准备个包了,最好是轻便型儿童背包,以能装下备用衣服且孩子自己能背为宜。给孩子购买为入园做准备的衣服、鞋子和背包时最好带着孩子一起去,让他也能自己挑一挑、看一看,让他明白原来上幼儿园还能穿新衣、戴新帽,真是太棒了!

==给孩子的私人物品,如被褥、衣服上贴上姓名贴或绣上孩子的名字。==孩子们的个人物品很多都非常相似,很容易就搞混了。如果不做好标记,您家孩子说不定哪一天就会把别人的衣服穿回家。如果家长会做针线活，那就亲自动手为孩子绣名字吧，绣的时候也可以让孩子在旁边看着，您的一针一线都饱含深情，就如"慈母手中线，游子身上衣"。当孩子穿着您亲手绣上名字的衣服，盖着您亲手缝制的被子时，安全感会更强，睡得会更香。不会绣名字也不用担心，现在很方便就能买到姓名贴，"贴"上后也会起到一样的效果。

入园要有仪式感

Q 常 爸：

刘园长，听说您家女儿丁丁入园时，您在家给她办了一个入园仪式，能说说当时具体的情形吗？

A 刘乐琼：

对，在幼儿园开学前的一周，我们全家在家给女儿办了个入园仪式，还邀请了孩子的姥姥、姥爷和小姨参加。这个仪式的主要流程如下。

参加人员：丁丁、爸爸、妈妈、姥姥、姥爷、小姨。
地点：家里客厅。
典礼准备：成长礼物（书包、睡衣、运动鞋、画笔），鲜花，气球，蛋糕。

主持人：小姨。

活动流程：

第一步，爸爸妈妈拉着丁丁的手，在音乐声中进入客厅。

第二步，主持人宣布丁丁马上就要上幼儿园了。

第三步，爸爸、妈妈、姥姥、姥爷、小姨给丁丁赠送礼物。

第四步，丁丁展示叠衣服技能。

第五步，丁丁许愿，吃蛋糕。

第六步，集体送祝福。

典礼结束。

入园典礼是一个仪式，它能让孩子意识到入园是一件值得庆祝的、美好的事情。所以我们送的礼物都跟幼儿园生活有关，比如，入园时才可以背的新书包、幼儿园午睡时才能穿的新睡衣、在幼儿园户外活动时穿的新运动鞋，以及幼儿园专用的新画笔。这些礼物都会让孩子特别盼望入园第一天的到来。我想在她今后的幼儿园生活中，这些礼物也会让她想起这个特别的入园仪式，时时感受到家人对她的爱。

其实，在这个正式的仪式前，我们还一起做了很多有意思的事，比如带她去拍全家福，带她去买上幼儿园穿的衣服，带她去参观将要去上的幼儿园等。我们大人都认真、郑重地对待入园这个事，女儿虽然好像懵懵懂懂，但也乐在其中。

为什么要这么做呢？关键就是为了这个"乐在其中"。既然我们都认为孩子上幼儿园是件大事儿，为什么就不能像办"婚礼""成人礼"那样为孩子办个"入园礼"呢？仪式往往代表着我们从一个阶段迈入另一个新阶段的一种变化，"入园礼"就是要让孩子亲身经历和感受这种变化，把经历变成经验，把经验变成学习。==入园准备期的核心价值就是帮助孩子对未来产生期待，"入园礼"就是一个非常好的教育活动。==孩子参与了家人和他一起做入园准备的过程，不仅收获了祝福，还会认识到成长是一件能给自己和家人带来快乐的事情。"我上幼儿园，既有礼物和祝福，还有蛋糕和笑声，这不是美好又是什么？"

当然，这种仪式不限于只在入园时举办，孩子每年过生日、升班、毕业、上小学……只要他的生活中有重大的变化，我们都可以和他一起度过一个有意义的纪念日，祝福他的成长，帮助他对未来建立更加美好的期待。

园长爸爸说

帮助孩子打造属于他的仪式感，可不是养娃道路上的矫情，我们要通过仪式传达我们对生活的尊重和热爱，让孩子们真真切切地感受到生命中每个环节的独特存在，从而充满热情地去面对生活。

本章小结

- "有困难，找老师"，孩子掌握这项技能，在幼儿园的问题就解决了一大半。

- 在入园前，让孩子养成良好的生活习惯和作息节奏，有助于孩子更快、更好地适应幼儿园生活。

- 帮孩子筹办一个"入园礼"，不仅有很好的教育意义，还能给孩子留下快乐和美好的回忆。

每个孩子都能爱上幼儿园

Part 3
宝贝入园了

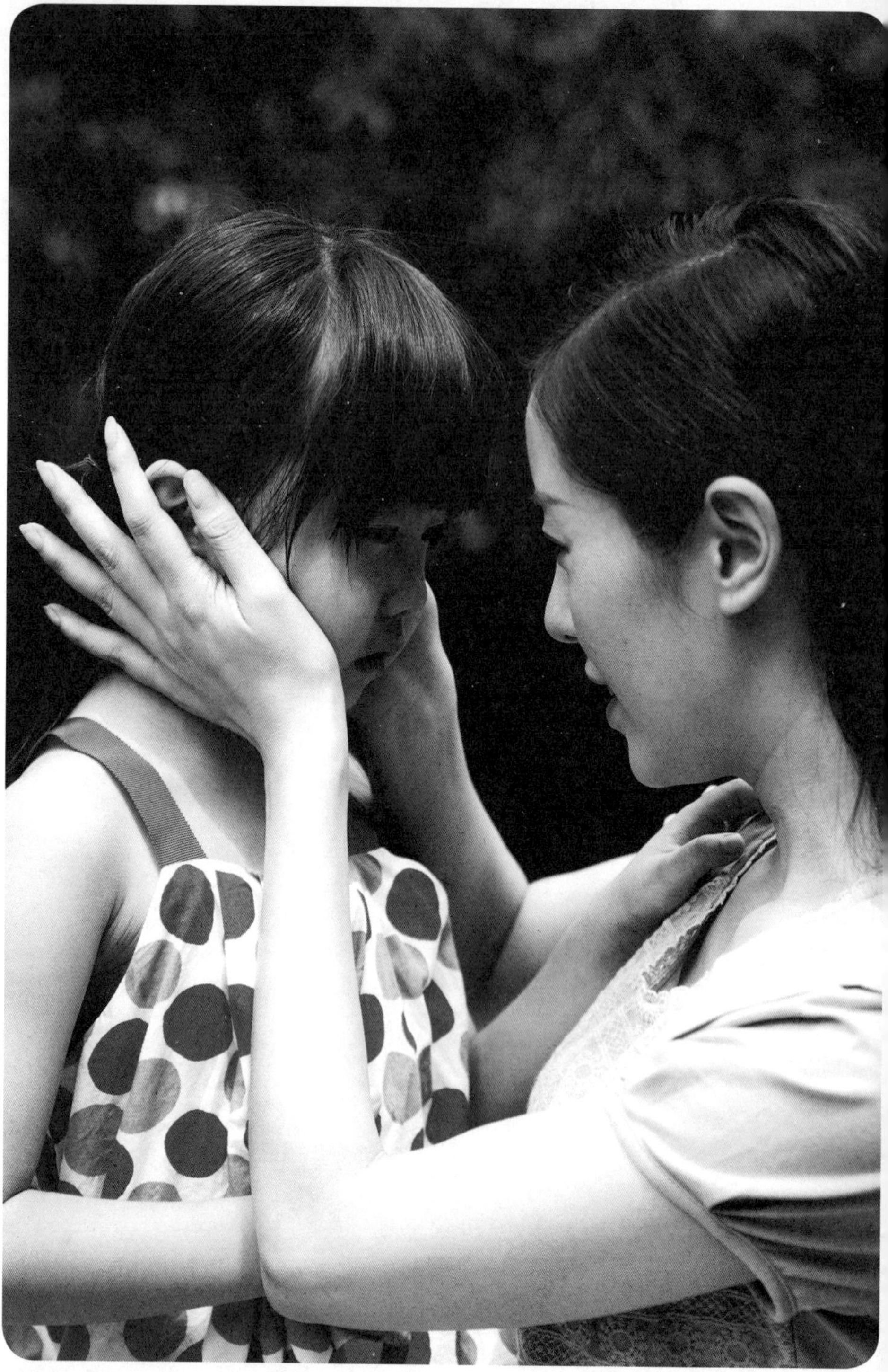

第 6 章
一年一度"哇声一片":入园适应期

在入园初期,孩子在幼儿园门口声泪俱下,大多数情况下,这只是因为孩子还没度过分离焦虑期,他们还不愿意离开家长温暖又安全的怀抱,所以家长们无须过多揣测、无端联想,要信任老师。

孩子刚入园时都会哭吗？

Q 常 爸：

每个孩子都是哭哭啼啼地来到这个世界的，他们从此开启了用哭声表达自我的童年阶段。孩子的哭声总能启动我们大脑的神奇开关，使我们心跳加速、血压升高。尤其是孩子刚入园的时候，那个哭声太让人心碎了！是不是所有孩子入园都会哭？这时候家长应该怎么做？

A 刘乐琼：

家长们都特别想在孩子身上安个开关吧？摁一下，哭声就会马上停止。可实际上，越想尽快解决问题，结果往往越适得其反。

作为有十几年园长工作经验的我，每年都会迎接四五百个新生入园。秋天的幼儿园既是收获的果园，也是眼泪的海洋。见的孩子多了，我就发现了这个秘密——其实哭是孩子的天性，是孩子宣泄情绪的正常方式。哭是他们的本能选择，是他们情感的自然流露。

每个新学年，我都会站在幼儿园门口"阅娃"无数，我把他们大概分为几类：

第一类，"欢喜君"。这类孩子面带微笑，兴高采烈，满脸洋溢着逃离家庭，奔向新生活的喜悦。这类极少。

第二类，"淡定君"。这类孩子平静地与爸爸妈妈告别，甚至妈妈都已流出不舍的泪水，他还是头也不回地拉着老师的手默默离去。

第三类，"懵懂君"。这类孩子不哭不闹，但他的眼神告诉我，他显然没弄明白今天是来干吗的，稀里糊涂地就被老师带走了。

第四类，"号啕君"。这类孩子是最吸引人眼球的！他们纠缠在爸爸妈妈身上，死活不下来，泪珠大颗大颗地往下掉，号啕声一声比一声大。他们一激动起来可真要命，要么浑身僵直，要么手舞足蹈，总之就是怎么也不愿到老师怀里去。

第五类，"啜泣君"。这类孩子眼里噙着泪，嘴里哼哼唧唧，万般不舍，一步三回头地跟着老师进园了。

心理学上将人的气质分为四种气质类型：多血质活泼好动，黏液质克制忍让，胆汁质热情直爽，抑郁质多愁善感。哭如其人，每个孩子的气质不同，表现也都不一样。

Q 常爸：

这几类小朋友进班后，在爸爸妈妈看不到的世界里，他们的表现如何？

A 刘乐琼：

"欢喜君"通常对新鲜的事物非常感兴趣，东跑跑，西看看，充满了好奇，你如果不让他四处巡视，他就会不高兴；"淡定君"通常是老师让干什么他就干什么，冷静得出奇，看不出他是忧伤还是悲切，偶尔听到其他小朋友哭着找爸爸妈妈时，他也会掉几滴眼泪；"懵懂君"进班后才发现爸爸妈妈不见了，他终于流下了伤心的泪水，但只要老师带他玩一个好玩的游戏，他就不哭了；"号啕君"进班后还是大声哭泣，老师抱着、拍着、哄着，一般不到半小时他们就把爸爸妈妈不在这里的事实抛之脑后，但偶尔想起来，又是一阵大哭大闹；"啜泣君"进教室后还是那样啜泣，大部分过段时间就不哭了，不过他总是喜欢跟在一个老师身后做小尾巴，或者"求抱抱"。

其实，绝大多数孩子的适应能力比我们想象的要好得多。大多数孩子第一天进班 1 个小时后就不哭了，只有极个别的孩子哭的时间会长一些。一周过后，你会发现早上入园时，在大门口哭的孩子明显少多了，很多孩子只是到了吃饭、睡觉这些容易想起家人的时间里会哭两声；两周以后，绝大多数孩子就基本适应了幼儿园的生活，稳定了下来。只有那些过了很长时间还在哭的孩子，才需要老师和家长格外关注。

老师是怎样帮助孩子适应幼儿园的?

Q 常 爸:

孩子的分离焦虑具体就体现在孩子的"哭"上,家长们对此都十分敏感。他们会问东问西,不知所措,感觉哭可是个大事!"哭坏了怎么办?""老师到底管不管?"我想问一问:在幼儿园里,真实的情景到底是怎样的?

A 刘乐琼:

请家长们放心,老师对孩子们的哭声也非常敏感,您受不了孩子的哭泣,老师同样也不会对孩子们的哭置之不理,我们都把这个作为幼儿园的"头等大事"。一到入园季,作为园长的我也会走到班里化身"超级奶爸",去拥抱那些流眼泪的孩子们。而园里其他的行政人员也会跟我一样,走进班里做同样的事情。一个智慧的幼儿园老师,会在最短的时间内了解孩子的不同特点,针对孩子的差异表现,采取对应的措施去帮助他们尽快地适应幼儿园的生活。

面对那些哭得撕心裂肺的孩子,老师会第一时间把他抱在怀里,然后一起找能转移孩子注意力的事或玩具,以此来安抚他激动的情绪。没过多久,孩子探索的需求、游戏的愿望就会打败焦虑的情绪,最终他会平静下来。

对于那些时不时就要哭一阵子的孩子,老师往往会在他们身上花更长的时间,甚至会走到哪里就把他们带到哪里。所以,

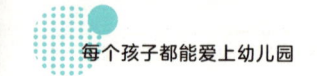

在幼儿园里，你经常会发现每个老师身后都有一个小尾巴，甚至是怀里抱一个，手里牵一个，衣角上拉一个……有时老师带着他们走出教室，走到院子里，去寻找幼儿园里有意思的事儿，比如看看幼儿园里养的小兔子、小鹦鹉等，甚至是走到大门口，满足一下他们想看看爸爸妈妈是不是还在门口的愿望。除此之外，老师还会陪着他们吃、喝、拉、撒、睡，待他们熟悉老师后，也就感到安全了。

当然，并不是说，那些不哭不闹的孩子老师就不管了。实际上，他们已经早早地踏上熟悉幼儿园节奏的大道了。

适应新环境需要经历一个了解、熟悉、喜欢的过程，要相信孩子们会尽快与老师、环境熟悉起来，并建立起稳定的秩序感。

Q 常　爸：

请您再多说一说，老师是怎样帮助孩子们适应幼儿园的呢？这个家长们都很关心。

A 刘乐琼：

每个幼儿园都有一套比较成熟的方式，归纳起来是以下三个方面：

第一，让孩子们与环境建立起联系。比如带孩子看看自己的衣帽柜、小床等，参观幼儿园的家庭角，那里有孩子们自己的照片、爸爸妈妈的合影、孩子的小书包等。大多数幼儿园在孩子入园初期，也会允许他们带一件自己在家特别喜欢的玩具或者安抚物来幼儿园，这样孩子就会感到，在这里，他们并不孤单。

==第二，带着孩子们慢慢地经历一天的生活==。很多幼儿园都会采取渐进式入园的策略，如由半天过渡到全天，让孩子慢慢体验来园、早餐、游戏、午餐、午睡、户外活动、晚餐、离园等一日生活的节奏。经过一段时间的适应后，孩子们就能知道在幼儿园用过三餐后就会回家，上五天幼儿园后就到了周末，周末休息两天后就会再上幼儿园。稳定的生活节奏和秩序会帮助孩子们建立安全感，而安全感是孩子尽快适应幼儿园生活的基础。

==第三，让孩子长本领。==有的孩子不习惯在幼儿园里上厕所（有的幼儿园采用的是蹲便，而家里大部分是坐便），有的孩子不会使用勺子吃饭，有的孩子不会穿脱衣服、不会自己洗手等，这些困难都是造成孩子不适应幼儿园的重要因素。在入园初期，老师会从基本的生活能力开始，一点一点地教孩子，比如，老师会和孩子一起唱着儿歌，一遍遍地操练如何洗手、穿衣服、脱衣服、擦屁股等，甚至连如何撕厕纸、撕多少都会引导孩子慢慢掌握。如果您有机会去参观幼儿园，可能会发现有的小班老师正蹲跨在厕所蹲坑两侧，模拟着上厕所的姿势，旁边则有一群孩子正在围观学习，这时您可千万不要惊讶。

老师们和孩子们朝夕相处，同吃、同住、同玩，就跟家人一样，孩子们很快就会把老师及其他小朋友看作自己的亲人，这种信任感建立起来后，孩子们对幼儿园就基本适应了。

每个孩子都能爱上幼儿园

孩子一见到老师就哭，是不是老师对他不好？

Q 常 爸：

我发现有这样的现象，刚入园的孩子在去幼儿园的路上还好好的，但是一见到老师就号啕大哭。这会让很多家长联想到童话故事里小动物遇到大灰狼的情景，然后就会不自觉地怀疑老师是不是对自己的孩子不好，紧接着，还会想象出很多不好的画面，坏情绪随之被放大。

A 刘乐琼：

咱们换一个类似的场景找一下感觉。您带着孩子去医院抽血时，在走到抽血窗口之前，一切都很平静，可刚坐下来，让孩子伸出手来，孩子立马就哭了。您能据此下结论说"医生不好，把孩子吓着了"吗？这不过是孩子恐惧打针的情绪反应而已，与医生的正常工作没有多大关系，更不涉及医生的医德好坏与专业能力高低。

同理，在入园初期，孩子在幼儿园门口声泪俱下，大多数情况下，这只是因为孩子还没度过分离焦虑期，他们还不愿意离开家长温暖又安全的怀抱，所以家长们无须过多揣测、无端联想，要信任老师。

第6章 一年一度"哇声一片":入园适应期

Q 常爸:

前面您介绍了老师在幼儿园里,会采取哪些措施去帮助孩子尽快适应幼儿园生活,请您再给家长一些建议吧。

A 刘乐琼:

好的。我说几个需要家长特别关注的问题和解决方法。

第一,请家长别过于焦虑。

情绪是会传染的,您的焦虑会成为孩子焦虑的主因。网上曾流传过这样一个视频:一位爸爸坐在车里大声哭泣,妈妈在一旁边录视频边狂笑——今天是宝贝女儿第一天上幼儿园,孩子进到幼儿园里了,爸爸就像女儿出嫁了一样,哭得伤心欲绝。

其实每年秋季入园时,我们在幼儿园门口都能见到这种场景。有的妈妈一步三回头,抹着眼泪看着孩子走进幼儿园,或者一家几口把孩子送到幼儿园,孩子哭,老人也哭,场面就跟"千里送别"差不多。甚至有些孩子还没什么反应,爸爸妈妈自己就先控制不住情绪了,双双把泪流。

放学时,有的爸爸妈妈一接到孩子就问:"你今天哭了吗?"而不是问:"宝贝,今天你一定有快乐的事吧,给我讲讲吧!"这给孩子传递的其实是负面的信息,好像幼儿园是一个悲伤的海洋,而不是快乐的森林,孩子不哭就不正常似的。父母关爱孩子确实可以理解,但孩子长大了总要走出家门的,这是成长的需要,也是一件令人期待的大事,我们要陪着孩子一起面对,更要学会和孩子共同成长。父母要乐观、积极地对待它,而不是任由自己的情绪蔓延，让孩子产生错乱的感受——"这个陌生地方是一个什么样的地方？为什么爸爸妈妈会哭？这里很可怕，很危险吗？"更理性的做法是，父母给孩子一个拥抱或者亲吻，真诚而坚定地告诉他："我知道你很舍不得爸爸妈妈，我也不想和你分开。但是我要上班，你要上学，等我下班了就会来接你放学，到时候我们就会再见面了。"

第二，别试图把孩子骗进幼儿园。

家长把孩子骗进幼儿园，一般有以下几种类型。

一是威胁型。有的家长在幼儿园门口说："别哭了，再哭我就不接你了！"此言一出，哭声更加震天！这种行为会让孩子更陷入深深的无助，而且到离园的时候，你还是得把孩子接回家，所以说这样的话没有任何意义。

二是说到做不到型。有的家长说："宝贝，进去吧，我会第一个来接你。"说这句话不如说："宝贝，等你吃完晚饭，我就来接你。""第一个"和"吃完晚饭"同样是期待，但一个是对你自己的要求，一个是对孩子的要求。"第一个"你不容易做到，而"吃完晚饭"孩子一定能做到，这样孩子就会知道自己什么时候会再见到你。

三是哄孩子型。还有的家长说："宝宝，你今天去上幼儿园，我周末带你去迪士尼玩。"实际上大多数时候，家长只是随口说说，暂时哄孩子而已，即使是能做到，这种方法也有待商榷。因为孩子去幼儿园代表了成长，而去迪士尼代表了游戏和休闲，两者不能互为前提条件，也不应该有因果关系。这样无异于对孩子说:"宝贝,好好吃饭,吃完了我奖励你一个玩具。"代币奖励的方法可以用,但不宜用在孩子自己本该完成的事情上。如果用错了,孩子就学会了跟您讨价还价。您要做的是,给孩子一个承诺:你放心去幼儿园吧,我一定会接你回家。

第三,帮助孩子信任老师。

"我送孩子去上幼儿园的时候他哭,接的时候他怎么还在哭?"家长们把孩子送进幼儿园后,就感觉好像孩子进到了一个盲盒里,大多数时候,里面发生了什么您一无所知,因此不信任、猜测就产生了,这在所难免。但是在入园初期,我还是想给家长们如下建议:

一是"有困难,找老师",这句话您要跟孩子讲一讲。"妈妈不在身边时,老师会像妈妈一样帮助你,你饿了、想喝水了、想尿尿了,都要告诉老师呀!"在和孩子说的时候,您口中的这个老师一定要是一个具体的"张老师""李老师""扎辫子的高老师""眼睛漂亮的马老师",等等,而不能是一个含糊的符号"老师"。

二是接到孩子的时候,可以和孩子说说今天发生的事情。"宝贝,今天马老师告诉我你尿裤子了,她是不是给你换了新裤子?马老师就跟妈妈一样呢!""李老师比爸爸还厉害吧,带你画画,带你跳舞,还会讲故事呢,简直太棒了!"

三是千万别阻止孩子爱上老师。别吝啬在孩子面前表现出您对老师的赞美和肯定。如果您确实对老师的某些做法有意见,也别跟孩子讲,因为孩子解决不了您的疑惑,相反会对老师产

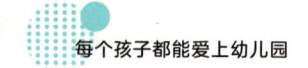

生不信任感，您应该去跟老师本人沟通。

四是坚定地把孩子交给老师。当您送孩子入园时，请微笑着问候老师，就像跟老朋友打招呼一样，把孩子的小手交给老师，然后坚定地说："跟老师去吧！宝贝再见！"即使此时孩子是哭着的，也要坚定地将他交给老师，然后头也不回地上班去。

第四，及时发现孩子入园初期遇到的困难，给孩子提供必要的帮助。

大部分孩子在入园初期，都会心情不好，食欲不振，而且入园正值秋季，是各种疾病多发的季节，孩子往往很容易生病。再加上生活环境、生活习惯的变化等因素，也会给孩子适应在园生活增加困难。

因此在初入园时，家长一方面要特别关注孩子的身体情况，在家多给孩子补充营养、水分等，生病时及时就医；另一方面，也要及时与老师沟通，告诉老师孩子在生活技能上的不足和困难。家长也需要了解一下在幼儿园老师是怎样培养孩子这些习惯的，然后，在家一起做起来，共同去帮助孩子尽快地提高自理能力。

园长爸爸说

把孩子交给时间吧，请相信他一定会长大！

担心孩子在园不适应，给老师打电话也不接，怎么办？

Q 常 爸：

有的家长说，孩子进了幼儿园，家长们看不见摸不到，特别担心孩子不适应，于是想打电话问问老师。但是给老师打电话，十次有八次不接，这是怎么回事？

A 刘乐琼：

如果您打电话，老师十次有八次接了，您可能更应该担心。为什么呢？一般老师都是早上 7:30 左右上班，下午 17:30 左右下班，一天近 10 个小时都陪在孩子们身边。他们与中小学老师的工作有着显著差异，因为幼儿园有"保教结合"的需要，所以幼儿园老师都是"陪班式"工作，也就是说，孩子在哪里他们就在哪里，他们不像学科教学的中小学教师，上完课就可以回办公室了。

大多数幼儿园老师没有办公室，他们的办公室就是孩子们的活动室。如果您有机会到班级里去看一下的话，就会发现，孩子们一直是流动的，他们一会儿吃饭，一会儿游戏，一会小组活动，一会儿集体活动，一会儿户外活动，而老师也是一直跟着孩子们流动着，孩子们的每个活动环节都需要老师动嘴去说，动身去跟，动脑去想，动情去做。

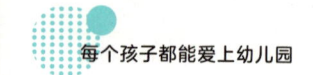

我常跟老师们讲，要想成为一名优秀的幼儿园老师，你得做到三全：==全身、全心、全情==。因此在工作时间里，老师无暇接听您的电话也就可以理解了。

特别是在入园初期，孩子们正在"水深火热"中，老师们更要花大量的时间在孩子们身上，也就更难有时间随时接听家长的电话了。还有的家长很想在入园时、离园时向老师问问孩子的情况，实际上在入园初期，这两个时间段里，老师们忙着接手"哭着来"的孩子和送走"着急走"的孩子，也往往无暇顾及您想交流的需要。请您耐心等一等，待老师们有时间了，沟通会更有效。

Q 常 爸：

如果家长确实想找老师了解孩子的情况，应该怎么办？

A 刘乐琼：

一般情况下，在午睡时间（12:30—14:30）或放学以后（17:30以后），老师们会有一些属于自己的时间。但也别动不动就打电话，因为那是属于老师们的休息时间。如果您想在孩子入园或离园时与老师沟通一下，可以在旁边等老师忙完，当面聊一聊会更有效果。

其实，待孩子入园后，大多数老师都会主动向家长反馈孩子的情况，还会发些孩子在班级的照片、视频等，帮助家长了解孩子在园的生活。如果您的孩子确实有适应方面的问题，老

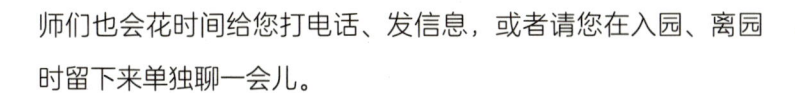

师们也会花时间给您打电话、发信息，或者请您在入园、离园时留下来单独聊一会儿。

过完国庆节，孩子就不爱去幼儿园了，怎么办？

Q 常 爸：

入园过程是孩子们慢慢适应幼儿园的一个过程。在这个过程中，孩子的焦虑情绪、哭闹现象可能会出现反复。比如家长们感觉特别明显的一个阶段，就是开学后的第一个国庆节小长假。假期结束后，孩子又不爱去幼儿园了，这该怎么办？

A 刘乐琼：

我曾经与一个初入园的小女孩儿有过一次交谈，我觉得挺有意思，我讲给大家听听。

孩子们刚入园不久的某一天，我看到一个柔柔弱弱的小女孩在班里边玩玩具边抽泣。

我走到她身边，看着她问："宝贝，你为什么哭呀？"

她说："妈妈不要我了。"

我很震惊，马上安慰她说："妈妈不会不要你的，妈妈要上班的,你知道吧,她一定特别忙,等下班了就来接你回家。"

她说:"妈妈不忙。妈妈在家看电视,她都不来接我。"

后来,我向孩子妈妈求证,原来这位妈妈确实是全职在家,所以小女孩坚信妈妈在家看电视"享清福",她心里特别委屈,哭了很长一段时间。

这件事也告诉我们,其实孩子们是很有自己的想法的,他们也有一套与大人们类似的人生哲学,别看他们年龄小,实际上他们已经纯熟地掌握了"没有比较就没有伤害"的要义,很容易就能找出让自己更舒适、更喜欢的方式。

因此,别说是过一个国庆节了,就算是过一个周末,也会出现原本已经适应得不错的孩子再次焦虑的现象。其实,我们大人可以想想自己,又有几个人每周一是兴高采烈地去上班的呢?孩子们不过是像我们一样有"假期综合征"而已。在入园初期,与幼儿园相比,家里的环境更放松、更自由,所以孩子更喜欢在家里待着,到要上幼儿园的时候就会紧张起来。

如何解决这个问题呢?我送家长们一句话:==自律者自由。==也就是说,家长尽量让孩子在家也保持与幼儿园一致的作息时间,不随意打乱孩子的生活节奏。比如孩子在幼儿园的时候几点吃饭、几点睡觉,周末或者假期也最好坚持。试问又有几个人不想拥有睡懒觉的周末呢?而这个坚持就是自律,比如您带孩子按时睡觉、按时起床,保持生活节奏的稳定,这都是自律的体现。

Q 常 爸：

我身边经常有一些朋友或读者反映，孩子早上在家还好好的，怎么一要入园就喊肚子疼，或者其他各种身体不舒服，是真的生病了吗？还是说，这只是孩子为了逃避而找的借口呢？

A 刘乐琼：

孩子说自己不舒服，家长一定要重视，而不是先入为主地判定他是在说谎。有些孩子在入园时说自己肚子疼，您也应该像平时对待他生病一样，即使您知道他有可能是装病，也要带他去幼儿园的医务室或者医院，请医生看一看，有问题就治病休息，没问题就继续送幼儿园。千万别不管不问，落下一个不关心他的"罪名"，更别因此耽误了孩子真实的病情。当然，您也不要大惊小怪，过度反应，只要孩子一说不舒服就不送幼儿园了，如果这样做，您就是在培养他一入园就觉得"肚子疼"的习惯。总之，要让孩子知道，您很关心他，但是如果他装病，是不可以不去幼儿园的。

本章小结

◆ 绝大多数孩子的适应能力比我们想象的要好得多,只有那些过了很长时间还在哭的孩子,才需要老师和家长格外关注。

◆ 适应新环境需要经历一个了解、熟悉、喜欢的过程,当孩子对老师的信任感建立起来后,对幼儿园就基本适应了。

◆ 家长尽量让孩子在家也保持与幼儿园一致的作息时间,不随意打乱孩子的生活节奏,有助于孩子更顺利地适应幼儿园。

第 7 章
幼儿园里的新鲜事儿：小班

在"人类幼崽"的哲学里，他们坚信"人生如戏"，他们在想象与现实的世界中来回穿梭，灵活自如。游戏化的方式是小班孩子长本领、养习惯、增见识的主要途径。

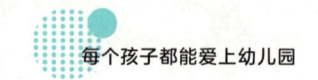

揭秘小班阶段孩子的特点

Q 常 爸：

刘园长，我发现一个有意思的事儿，我儿子在上幼儿园小班的时候，在回家路上或者周末一家人去公园游玩时，喜欢让我们一家人排着整齐的队伍走，他这是怎么了？

A 刘乐琼：

这种现象在幼儿园小班孩子中很常见。要知道人类的文明之所以能延续，就靠着孩童时代与生俱来的本领——模仿。孩子们的模仿不像成人学车那样机械，而是化成一种充满了诗意的想象和无限创造力的妙趣横生的游戏，成人把这种游戏叫"过家家"。

在"人类幼崽"的哲学里，他们坚信"人生如戏"。如果您与孩子相处久了，就会发现，他们在想象与现实的世界中来回穿梭，灵活自如，就像京剧表演一样。在京剧里，舞台上所用的物件、器具和实物有着较大的差距，有的甚至是无中生有。比如，会以鞭代马、以桨代船；再比如，要出门，我们在实际生活中会迈过门槛，可是京剧的舞台上不会有真实的门槛，演员要表达迈门槛，就要在舞台上的一个地方，想象有一个门槛，出来进去时，就要用一个动作表示"迈"过去。

孩子们也是如此，他们会沉浸在很多"假装"的游戏里。当老师说"快来尝尝我手里的蛋糕"，其实她手里什么也没有时，小班的孩子们会非常配合地低下头"啊呜"一口，"吧唧吧唧"吃得可香了。这是一个非常特殊的时期，过了这段时间，这些好玩的事儿就不会再有了。如果您举着空手对着您 8 岁的孩子说："来，孩子，尝尝我手里的蛋糕。"他肯定会认为您神经错乱。

Q 常 爸：

是的，"游戏人生"的确是这个年龄段孩子的特点，这一点也会渗透在小班孩子的日常生活中。在幼儿园里，老师是抓住孩子这个阶段的特点，组织他们进行学习、游戏和生活的吗？

A 刘乐琼：

是的。比如，孩子们游戏结束后，老师们会说："玩具也想妈妈了，赶快把它们送回家。"孩子们就会认真地把玩具送回玩具柜里。

再比如，老师戴着一个猫头鹰手偶，出现在孩子们面前说："今天我们的好朋友猫头鹰小姐来陪大家一起睡午觉，她会用她明亮的眼睛看看哪个小朋友睡得最香。"接着，孩子们会个个用力地闭着眼睛，"猫头鹰"会走到每个孩子面前亲吻一下他的脸颊，没过多久，大多数孩子就在神奇的猫头鹰的陪伴下进入了梦乡。

这种游戏化的方式是小班孩子长本领、养习惯、增见识的主要途径。当孩子邀请您参加他的排队游戏时，那是他正在模仿老师组织小朋友的方式发起游戏呢，此时的您应该感到高兴，并积极地响应他，而不是认为孩子太幼稚并对此嗤之以鼻。

Q 常爸：

很多家长经常问我这样的问题：家长能陪孩子玩什么呢？感觉不去游乐场就没得玩儿，孩子对什么都不感兴趣。

A 刘乐琼：

这种状况还有后续——到了游乐场，大部分家长只是放任孩子们在游乐场里疯跑，而自己却躲在一旁低头看手机，偶尔抬头看看孩子还在不在眼前。

其实，很多家长在家里也是这样的。他们把玩具、电视、平板电脑当作孩子的玩伴，而自己却以"忙"着工作、"忙"着看手机等名义，沉浸在自己的世界里，对孩子是如何玩的、玩了什么、情绪如何等，漠不关心。

即使有难得的亲子时间，很多家长也会强迫孩子去做成人发起的"不好玩"的活动，比如您给孩子一支笔，想让他画画，结果他把画笔当成了孙悟空的金箍棒、哪吒的红缨枪、搭房子的木棍儿、音乐家的指挥棒、帆船的桅杆、小猴子的爬竿……而您却还在固执地邀请他画画。

如今我们的生活充满了快节奏、工作忙、信息量大、线上线下空间多元化，这也让我们这些做父母的有些自顾不暇。但是我们都很清楚，孩子是需要陪伴的。陪伴不一定是需要您全天或者全程在孩子身边，只要多做些高质量陪伴的事情，哪怕您偶尔几天不在家，也没关系。您不妨试试把自己想象成一个孩子，也去相信玩具有妈妈、汽车会说话、星星会眨眼，去全身、全心、全情地参加孩子们发起的游戏，哪怕是短短的 15 分钟，也会成为你们美好的亲子时光。

因此，当孩子邀请您玩排队游戏的时候，请赶快排进队伍，让"小老师"带队回家，顺便看看他是不是能找到回家的路。

孩子刚入园就挨"打"，怎么办？

Q 常　爸：

每一个孩子在家里都是宝贝疙瘩，没有一个家长愿意听到孩子说"XX 打我了"，一听到这种话，我们就会不自觉地想：孩子在幼儿园一定是被欺负了！怎么可以这样？！

A 刘乐琼：

"孩子被欺负"确实是每个家长特别关注的一个问题，有些家长甚至谈之色变，非要找老师讨要个说法。不过，先别着急，

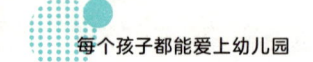

我们来看下孩子在幼儿园的生活是什么样子的。

幼儿园这个"小社会"千姿百态，里面有高矮、胖瘦、平和急躁、内向外向等不同的孩子。每个孩子在这个大集体里都会表现出自己独特的行为和思维模式，因此，有差异就会有冲突。

乐乐和欢欢走到卫生间门口时，互相碰到了对方的身体，乐乐觉得无所谓，但欢欢觉得被碰疼了，就对老师说："老师，乐乐打我肩膀了！"

军军觉得对面坐着的涵涵头上的发卡真好看，于是就伸手摸了一下，结果涵涵向老师告状说："老师，军军打我头！"

多多手里拿的玩具也是小米喜欢的，小米想立刻就玩，于是伸手"拿"了过来，这时多多的告状声起："老师，小米抢我玩具！"

……

就真实情况来讲，无论是哪个年龄段，孩子之间的这种冲突都极易发生。发生的频率是怎样的？我可以很负责地告诉你：每周、每天，甚至每时每刻都在发生。

如果您了解三四岁孩子的社交特点，就不会过于焦虑。这个年龄段孩子之间的冲突有典型的即时性特点，他们并不会"蓄谋"伤害他人，更多时候冲突是随机的、在当下即时发生的，而且对象也往往是随机的，并不是固定某个或者某几个人，有一定的不可预料性。

比如，一个小朋友看见前面有人挡着他的去路，就随手推开了对方，但是可能用力过猛，一下子把对方推倒在地了。小班的老师会说："我就在他俩面前，完全没预料到他会推他一把。"

Q 常 爸：

那么，当孩子向家长告状说有小朋友打他了的时候，家长应该怎么回应和处理呢？

A 刘乐琼：

如果孩子身体上确实没有明显的伤害，建议家长既不要太大惊小怪，也不要不理不睬，您可以这么做——

首先，重复性回应孩子："哦，XX 打你了？"然后停顿 30 秒，给他时间让他讲讲那个"打人"的故事。因为那个故事大概率会是两人之间偶发的肢体接触，与"打""欺负"和"霸凌"相去甚远。家长也不要随便替他下结论："是吗？打人可不对，你一定很疼吧！"因为有时候孩子也只是单纯地向您倾诉一下他在幼儿园的经历，甚至连"告状"都算不上，您只需要做一个倾听者就好，其他的什么都不用做。

千万记得要给孩子陈述事件过程的机会，因为让孩子把发生在自己身上的事情讲明白，这对他来说不仅是个极具挑战性的任务，也是个极好的锻炼机会。它可以锻炼孩子讲述事实的能力，还可以锻炼孩子判断是非的能力。如果亲子之间的对话是倾听式的、引导式的，孩子们往往会讲得更多、更细，并逐渐形成自己的判断能力，而您的这种重复性回应，就给孩子的表达和判断留下了空间。

当家长搞清楚孩子的经历后，也要着手教孩子一些解决冲突的办法。千万别简单地告诉孩子一句："下次他再打你，你就打回去！"这种方式只会让事情变得更糟糕。要知道，在集体生活中，和睦相处非常重要，孩子最需要习得的，是与他人协商的能力。

举个例子，一个孩子如果看上了别人手里的玩具，他该怎么获得呢？

一是换。"我这个玩具也很好玩儿，咱们换换吧。"

二是等。凡事有个先来后到。"我在旁边看着你，你玩完了给我玩。"

三是一起玩。"咱俩一起玩好吗？"

如果您的孩子是拥有玩具的那一方，您可以告诉他，虽然对方给出了方案，但如果你不愿意的话也可以拒绝，拒绝也是有方法的。

一是明确告诉对方自己的态度。"我不想给你我手中的玩具，无论如何都不想。"

二是离开现场。"你想要我的玩具，我就带着它去其他地方玩儿。"这一条很重要，"惹不起，躲得起"是解除安全警报最有效的方式之一。

三是告诉对方，自己会求助于老师。明抢可不行，孩子要学会大声喊"老师，他抢我玩具"。记得这一条特别重要，在幼

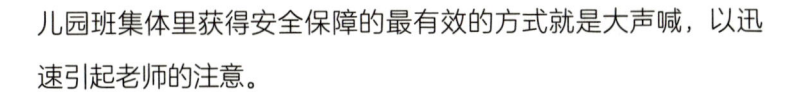

儿园班集体里获得安全保障的最有效的方式就是大声喊，以迅速引起老师的注意。

Q 常 爸：

这些方法怎么教给孩子呢？光说教肯定行不通。

A 刘乐琼：

用游戏来陪孩子演练和学习是最有效的方法。家长可以在家和孩子模拟"协商"的游戏，一起玩玩具的时候，你想要他手里的玩具，跟他交换试试，或如果他想要你手里的玩具，你看他会怎么办。如果孩子直接抢的话，你就拒绝他，引导他跟你好好协商。

园长爸爸说

"协商"是一种能力，这种能力也是需要学习和练习的，就跟其他技能一样，并不会天生强大。因此，给孩子创造机会练习很重要。

孩子回家啥也不说，
家长怎样了解孩子的在园生活？

Q 常 爸：

作为家长，我们第一次把孩子送到陌生的环境里，交给不熟悉的老师带，心中难免满是疑虑。但从孩子踏进幼儿园大门开始，家长就不得不开启与老师合作式育儿的模式。我们应该如何理解幼儿园和家庭的关系？

A 刘乐琼：

您用了"合作式育儿"这个词，说明您属于比较有家园协作意识的家长！确实，我们为了一个共同的目标——孩子的成长，才走到一起。以我十几年的观察来看，家庭和幼儿园之间的关系非常微妙，大多数时候看似风平浪静，其实暗流涌动，家园之间不协调的现象也时有发生。究其原因，我想，与彼此了解不深、信息不对称有很大关系。

老师每天同时面对这么多孩子和家长，肯定会有应接不暇的时候，我举个例子，咱们一起感受下。

我和老师们每天早上在门口迎接孩子来园时，都会经历一场信息轰炸，情景是这样的：

家长1：刘老师，我们家孩子昨天回家就要水喝，今天您让他多喝点水。

我：好的，我叮嘱他。

家长2：刘老师，昨天晚上孩子没睡好，早上还闹觉，中午让他好好睡。

我：好的，我让生活老师多关注一下他。

家长3：刘老师，我们家孩子准备了一支特别好听的歌，有机会的话，让她给其他小朋友表演一下。

我：太棒了，今天让她和大家分享一下。

……

家长30：刘老师，我家孩子昨天没有大便，您今天帮我盯一下。

我：好的，我盯着些。

如此这般，一大早我接收了30个沉甸甸的叮嘱。待到晚上离园的时候——

家长30：刘老师，今天我们家孩子大便了吗？

我：啊，这个……我……抱歉，我帮您问问其他老师。

家长这时会怎么想？我想如果是我碰上了这样的老师，我可能也会心里嘀咕：你看看，老师又没把我交代的事情放在心上，上次也是，说了一个什么事儿，到现在都没回音！啧，还是太年轻，责任心不太够啊！

您觉得老师冤吗？

冤？——你可知道，那是家长满满的嘱托和期待啊，他们一大早把这些全然托付给了老师，而老师竟然忘了。

不冤？——要知道，老师每天收到近 30 个这样的嘱托，您的叮嘱是 1/30，而老师又不是神仙，做不到有求必应，甚至有时候记都记不下来。还有人说，那早上家长嘱托你的时候，你别满口答应啊！那好，我们试想一下，如果是这样一个场面，你的感受会不会更糟糕——

家长 1：刘老师，我们家孩子昨天回家就要水喝，今天你让他多喝点水。

我：哦，我没办法让他多喝水。

家长 2：刘老师，昨天晚上孩子没睡好，早上还闹觉，中午让他好好睡。

我：呀，那可不好说他中午能不能睡着。

……

哈哈，我讲这个段子不是为了推卸责任，而是为了说明家园之间真诚、公开的对话与沟通是多么重要。

我们常说家庭和幼儿园的合作关系就跟火车的两条车轨一样，必须时刻保持同步、平稳，火车才能顺利地往前奔跑，而同轨的前提就是要建立家园双方良好的沟通协作机制。幼儿园一般会采取多种方式与家长进行沟通，帮助家长了解孩子的在园情况，家长们也要用好这些通道。

> **Q 常 爸：**
>
> 家长们都有哪些渠道可以了解孩子的在园情况呢？

> **A 刘乐琼：**

我列举一些比较常规的、大家都能用得上的途径和方法。

一是家长会。它一般是全体家长参加，主要是老师介绍一学期的安排或进行一些重要事项的说明。

二是 VIP 日。有的幼儿园称之为"一对一约谈日""家长志愿者日"等。这种形式一般是面向个体的，家长可以与老师较深入地沟通孩子的情况。比如在"家长志愿者日"，家长可以走进班级，全方位地实际观察与了解孩子在园的生活与学习情况。由于时间比较充裕，家长们也有很多与老师单独交流的机会。

三是家长开放日。一般是班级以小组形式或者集体形式，面向家长开放其一日生活的某个环节，比如教育活动、户外活动等。此时老师和孩子往往是被观察的对象，家长看的时间多，跟老师的交流比较受限制。

四是微信、电话等线上交流。一般老师与家长交流个性化问题时，会单独使用微信或者电话联系。家长有问题时，往往也会采用微信、电话与老师进行单独沟通。

五是班级群。班级群大都是老师发集体通知的地方，老师一般不会在群里与家长进行单独交流。

六是孩子入园、离园时的零星交流。这种交流往往比较随机，可以是家长发起的，也可以是老师发起的，但因为老师的主要精力在"迎来送往"上，交流时间一般比较短，但也有一些老师或者家长会提前约对方单独进行面对面交流。

家园之间的沟通方式因园而异，也会根据实际情况有一些调整，比如在疫情下，很多交流、开放日活动都转移到线上去了，沟通方式虽然千变万化，但功能大致就是以上那些。

在使用这些方法时，我给家长提几点建议：

==一是能去当面沟通就当面沟通，尽量别简单地给老师发信息和打电话。==

当面沟通获取的信息更全面，而且家园合作也是需要感情连接的，家长和老师面都不见，哪有感情？还有，也千万别光听不说，沟通一定是双向的，你们沟通的内容会成为老师了解孩子、改进教学的依据。

不知道家长们有没有这样的经验，您苦思冥想地编了一条近千字的短信，结果老师只回了个"好的"，您顿时觉得"好寂寞啊"。不过，您也别一味地揣测或者埋怨老师，因为可能老师连您长什么模样都不太清楚，也可能老师是个"社恐"，跟不太熟络的人没法推心置腹。

很多人认为，家园之间的沟通应该以服务为核心，家园本质上是一种服务与被服务的关系。这确实有道理，但是如果单纯地把家园之间的沟通当作与客服对话的话，就会让人与人之间的关系变得冰冷。毕竟教育是对人的事情，孩子不是产品，他们的成长需要家庭和学校都进行情感投入。在孩子的教育上，如果家园之间有情感共鸣，效果会更好。就好比再熟悉的朋友，如果一直不见面、不发信息、不打交道，时间久了也没了共同语言，就成了熟悉的陌生人。从这个角度来讲，如果您愿意主动地多花一些时间与老师沟通，就会和老师成为朋友。

　　二是别动不动就直接找园领导。

　　解铃还须系铃人，谁的问题就去找谁。孩子、家长、老师之间的问题，还要这三者自己解决。但如果不是老师的问题，而是园内的管理问题，那么您也不必说给老师听，这会导致沟通效率的低下，这时候一定要找园长。

　　三是别只在孩子出现问题的时候才和老师交流。

　　孩子某些方面有提升、有进步了，也可以反馈给老师，孩子的进步是老师们的最大成就，您要相信好老师也是夸出来的。沟通是为了共建"教育生态"，因为教育工作需要学生个体、学校、家庭、社区、社会的共同参与。如果学校和家庭能共同为孩子的发展出主意、提供资源，那孩子一定会成长得更好。所以，当您有好的教育建议、教育资源时，也可以把它们贡献出来与老师分享。

　　四是真诚沟通，不绕弯子。

　　老师和家长的出发点都是为孩子好，不必遮遮掩掩，但要注意语言和方式，做到相互尊重。大多数时候，家长和老师之间都不会产生"天崩地裂"式的问题，很多都是小问题，小问题得到了解决，一切都会柳暗花明。

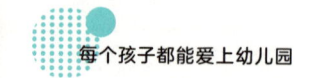

家委那些事儿

Q 常 爸：

家委会是个神奇的存在，成员一般都是妈妈们，她们往往会化身老师的代言人，在群里发通知、组织活动等。您觉得家长有必要去申请做家委会成员吗？

A 刘乐琼：

其实，不论是班级家委还是园级家委，他们都是参与幼儿园公共事务的重要一员，对家园共育的作用很大：

一是见证、参与班级或园级一些重大事项与活动，特别是涉及家长和班级的要事。在这个过程中，家委可以发表自己的意见或者建议，以促成这些事项向着更有利于孩子的方向发展。

二是作为家长和幼儿园之间的桥梁，收集一些意见、想法及资源等，反馈给班级和幼儿园，以起到协调作用，促进家园之间的密切合作。

三是协助班级老师和幼儿园组织一些重要的活动，比如运动会、演出活动等。

做不做家委，首先取决于您有没有"为人民服务"的觉悟和时间，如果有就可以大胆去做。首先，因为您的言传身教会让您的孩子变得愿意为大家考虑和服务；其次，您的积极参与，也会把所有孩子的教育空间无限延展。

前面我说过家园共建教育生态的重要意义，热心的您如果愿意带动家长和老师一起为孩子们提供更多元的教育资源，那么教育的场景就不会仅仅发生在幼儿园里，它有可能在公园里、博物馆里、花园里，等等。

另外，做家委还有一个特别好的地方，那就是它能让您有更多的机会了解孩子在园内的教育日常。

孩子在家庭和在学校的状态有可能是截然不同的。比如有的老师跟家长说，您家孩子在幼儿园话很少，而家长却说孩子在家里滔滔不绝。这种差异的产生一方面与孩子的性格有关，另一方面也与学校活动的组织形式不同于家庭有关。孩子进入幼儿园以后，就正式踏上了集体生活之路，他们是怎样生活的？有着什么样的节奏？老师是怎样组织活动的？需要哪些资源支撑？……这些信息如果您了解得多了，就会更加理解孩子在家和学校表现差异的原因。此时，您如果试着和学校做一些同步的事情，教育合力就会产生。

因此，如果您愿意多花时间参与孩子的班级和幼儿园的教育日常，您自然更能读懂教育这件事，这也会反哺家庭教育。从这个意义上讲，家委的工作提供了更多"了解和参与"的机会。了解越多，合力就越容易形成。

所以说做家委这件事，如果您的时间和能力允许的话，可以主动去试一试。如果实在没有时间也不必强求，但是仍要努力用好幼儿园提供的其他平台，多了解孩子在幼儿园的情况。

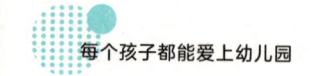

家长群里的"生存法则"

Q 常 爸：

刚才您提到了班级群，这应该是家长们每天都会接触到的。除了老师建立的"官方家长群"，还有家长把我拉到了一些"家长小群"里。家长群里的"故事"都成了日常家长们分享的热点了。您怎么看？

A 刘乐琼：

家长群是个神奇的存在，特别是有老师在的家长群，更是个有意思的"组织"。网络上也有很多段子吐槽家长在家长群的各种神奇操作，有"复制粘贴式"的问候，有"长篇累牍式"的控诉，有"千夫所指式"的围剿，也有"剪不断理还乱式"的较劲……

不过，大部分有老师在的"群"就是一个寂寞的存在，平时群内很安静，即使有消息，也是老师一个人自说自话地发几个提醒、通知之类的。但往往在这个"群"之外还有个"影子群"，就是您说的家长自发的"小群"，这个群里的家长会更放松些，就好像在没有领导的办公室里，嗑个瓜子，闲聊几句，分享个好物，"八卦"下某事、某人，等等，这个群更像家长们的社群。

Q 常 爸：

嗯，是的。除了这些，我还发现在有老师的群里有这么一种现象，就是"夸老师"。有的家长认为这是拍马屁，对此嗤之以鼻；有的家长认为，如果有人夸了，我也得夸，不然老师"计较"起来，对我家孩子不好。那么我们到底要不要跟着"夸老师"呢？

A 刘乐琼：

我想如果您在没有老师的群里夸老师，一定是很真诚的。事实是很少有人会这么做。大家比较苦恼的是，在老师所在的群里，经常会看到那些千篇一律的"跟夸"，到底要不要"跟夸"呢？

我的答案是都行。如果您愿意，就动动手指发一句，不想夸跟也罢。这种夸赞就像"跟帖"一样，意思就是"同上"，多一个不多，少一个不少，也极少有老师会在意谁没"同上"，更不会因为少了个"同上"，就"玻璃心"。

但是您问我，夸不夸老师？我的答案是一定要夸！好孩子是夸出来的，好老师也是夸出来的！

==教育界有一个经常被提到的词叫"教学相长"，大致的意思是教与学、老师和学生从来就是相互促进、相互激发的，老师教得好，学生自然学得好，学生学得好又会促进老师教得更好。所以说，教育的过程是一个多方共赢的过程。==

老师这个职业已经非常古老了，古今中外那些圣人大都是好老师。虽然这个职业挣钱不多，却让很多人欲罢不能。孔子说："自行束脩以上，吾未尝无诲焉。"他老人家的意思是说："来拜师的时候带上些肉干，我就收下你。"看来老师从来就是一个勉强能养家糊口的职业，不收金，不收银，肉干足矣。老师注定不会成为大富大贵之人，但还是有那么多人都"深陷其中"，这是什么原因呢？

因为教书育人带来的价值感难以言表。当老师看到和自己朝夕相处的娃娃们一天天成熟起来，变得坚强、勇敢、自信，如同振翅欲飞的小鸟时，那种由内而外的满足感、幸福感会"爆棚"。老师们看到自己全身、全心、全情培育的幼苗长成大树，开花结果了，将会多么欣喜！在这一点上，老师们和家长们是有共通之处的。"孩子成长＝老师幸福"是老师这个职业的幸福密码！

所以，您知道为什么要夸老师了吗？让老师知道孩子的进步与他有关，他一定会收获满满的价值感和成就感，这种价值感、成就感又会促使他继续为孩子的成长努力奋斗！

Q 常 爸：

那么，我们该怎么夸老师呢？这确实是一门学问。

A 刘乐琼：

秘诀就是要真诚。很多家长在夸自己家孩子的时候会说："你真棒！真不错！"叫我说，这一点儿诚意都没有。他哪里棒？老说棒，是他天生就棒吗？如果是这样，他有什么好自豪的？那等于夸爸爸妈妈的基因好，属于自夸。"棒"一定要指向孩子具体的行为表现，比如："你今天吃饭很认真，把每粒米都吃干净了，妈妈觉得你这点很棒！"

所以，如果孩子真的有变化、有进步，您可以分享给老师，并真诚地感谢老师、赞美老师。例如：

"李老师，我们家丁丁现在能自己用勺子吃饭了，变化太大了，还是幼儿园有办法，谢谢您！"

"孩子今天回来说，离开妈妈有点儿伤心，是您抱着她睡觉的，谢谢您！"

"今天孩子回家说'妈妈，吃饭要洗手'，还看着我，让我唱着洗手儿歌洗手，太有意思了，老师您真有办法！"

老师听了这些话心里会有多高兴呀，而且这种快乐一定会转化为孩子的快乐。

生病那些事儿

Q 常 爸：

孩子入园后，很多爸妈都有这样的感慨——自己含辛茹苦地把娃养到 3 岁，好不容易把娃送进了幼儿园，本以为自己会更省心省力，结果操心的事却不见少，反而更多了。孩子入园之前，类似"手足口病""疱疹性咽峡炎""诺如病毒""腮腺炎"等传染病离孩子好远，结果一上幼儿园，孩子就大小病不断……

老师是怎么照顾的？

A 刘乐琼：

这些传染病为什么会在幼儿园里多发呢？

首先，孩子入园赶上了传染病高发、多发的秋冬季节。特别是小班的第一个学期，孩子正值入园适应期，情绪也不稳定，因此特别容易生病，个别孩子第一个学期在家的时间甚至比在园的时间还长。

其次，孩子频繁中招还有一个原因，那就是易感人群都聚在了一起。什么是易感人群呢？就是同样的病毒来了，有的人抵抗力强，即使感染了病毒，也大都是无症状感染者，而孩子和老人由于抵抗力弱，病毒就会在他们体内肆虐，导致症状出现。像手足口病这种病毒性传染病，孩子感染后会出现疱疹、发烧等症状，严重的还可能会有很多并发症，它在低龄儿童中特别常见，算是"专属传染病"了！为什么这种病毒这么厉害呢？看看它是怎么传播的就知道了。这种病毒通过飞沫传播，意思就是哪怕感染者只是打个喷嚏、咳嗽两声，甚至说几句话，喷出的飞沫都会携带病毒，然后病毒会在空气中短暂停留，也会附着在桌椅板凳等设施上，一旦其他孩子摸到了，如果没有及时清洗手部，一旦入口——传染就完成了。因此，只要班上有一个孩子意外感染了这个病毒，如果不及时隔离，就会有一群孩子被传染。

Q 常爸：

感觉这种传染病防不胜防，您有什么建议给家长吗？

A 刘乐琼：

一是要注重加强孩子的身体素质。

医生常说的"保持营养均衡，多吃蔬菜水果，养成锻炼身体的好习惯"等，对各个年龄段的孩子都适用。

二是让孩子远离传染源。

幼儿园降低传染病发病率的法宝就是"早发现、早隔离、早治疗"。治疗是医院的事儿，幼儿园就是要及早发现苗头。所以，现在您能明白为什么幼儿园非常重视晨检了吧？

全国幼儿园的入园场景都差不多，我们经常看到保健医生在大门口让小朋友一个个地伸出小手，张开小嘴，那就是在检查入园的孩子有没有疑似症状呢！

其实孩子们进班后，老师也会随时关注他们的健康状况，会及时发现那些精神打蔫儿的、状态异常的孩子。一旦发现孩子有异常，老师一般都会打电话让家长把孩子接回家。

有的家长会很困惑，孩子不就是发个烧嘛，有什么大惊小怪的，非得接回家吗？要知道，很多传染性疾病都会有发烧的症状，如果不把孩子接回家，万一孩子得的是传染病的话，很有可能一批孩子都要遭殃了。

有家长会问，那自家孩子怎样避免被传染呢？传染病的发病一般都有季节性的特点，特别是在季节转换时，传染病会进入高发期，此时，建议家长们多带孩子参加室外活动。尤其是周末，少让孩子去人员密集的场合，并做到饭前便后、外出活动后勤洗手，家中封闭的环境要勤通风，加强消毒。

一般来说，幼儿园的老师们每天都会用配制好的消毒液多次擦拭孩子常接触的桌面、玩具等。我粗略地统计了一下，孩子们的桌子每天要消毒 5~8 次，比如每次餐前，老师们都会先用清水擦拭孩子们的桌面，再用消毒液擦拭一遍，最后用清水再擦拭一遍。老师们不厌其烦地消毒桌面就是为了降低传染病的发病率，将病菌扼杀在摇篮里。在集体的生活中这是必不可少的环节，在家里虽然不必"每用必消"，但家长也要坚持每天开窗通风，也可在传染病高发的季节采取必要的消毒措施。

三是如果中招也别恐慌。

我们很难做到让孩子完全与传染源隔离，毕竟孩子是个自由活动的人。一旦中招，首先，家长要给孩子做好隔离，其次，该就医就就医。大多数情况下，一两周之内孩子就可病愈，家长也不必过于紧张。

在孩子成长的过程中，他们的身体与各类病毒的较量也是不可避免的，他们要一路"打怪升级"。再悲壮点儿说，当类似流感这样的病毒性传染病来袭，大部分孩子是躲不过的，唯一的区别是抵抗力差的孩子先倒下，抵抗力强的孩子少倒下或后倒下，还有就是抵抗力差的孩子恢复慢，抵抗力强的孩子恢复快。

从长远的角度去积极地看，成长中的孩子每经历一次生病的过程，他们自身的免疫力就会强大一圈，虽然不会如"金钟罩铁布衫"一般无坚不摧,但他们肯定会更加健康,更有能力抵抗更多的疾病。

这里我给大家列举一些幼儿常见传染病的潜伏期及隔离期要求,仅供大家参考。

传染病名称	潜伏期 常见	潜伏期 最短	潜伏期 最长	患者隔离期
麻疹	10天	6天	18天	无并发症者,出疹后5天
水痘	13~17天	10天	24天	皮疹全部干燥结痂
流行性感冒	1~2天	数小时	4天	退热后24小时
流行性腮腺炎	18天	14天	21天	腮腺症状消失为止
细菌性痢疾	1~2天	数小时	7天	症状消失、大便培养两次阴性后
猩红热	3~7天	1天	12天	自发病起隔离两周
手足口病	3~5天	2天	10天	自发病起隔离两周
新型冠状病毒感染	3~7天	1天	14天	执行最新相关标准

受伤那些事儿

Q 常 爸：

不少家长跟我抱怨过，孩子在幼儿园里经常受伤。上班的时候，总会突然接到老师电话："你是 XXX 家长吗？你家 XXX 磕着了……"很多家长说特别害怕老师打电话，一来电话就心里咯噔一下，孩子还没上几天幼儿园，不是这儿破了，就是那儿蹭伤了。家长既心疼又不理解："孩子在幼儿园怎么会这么容易受伤呢？老师都在干吗呢？"说着说着，有的还生气起来。

A 刘乐琼：

幼儿园里确实是会出现孩子受伤的情况，但也没那么频繁。我刚工作的时候，老园长曾经叮嘱我说，幼儿园老师一定要"话多腿慢"。

为什么要"腿慢"呢？比如下楼梯对于成人来讲，是轻而易举能做到的事情，但是如果老师和孩子们一起下楼梯时，只顾着自己急匆匆地往前走，那么孩子们的眼睛就不会看自己的脚下，他们只顾模仿老师的"急匆匆"，那不摔倒才怪！为什么还要"话多"呢？因为即使老师的步伐慢下来了，孩子们下楼梯的过程中也容易走神，他们往往是东瞧瞧西看看，这儿摸摸那儿动动，眼睛不会一直注意脚下的台阶，此时老师需要不停地提醒："孩子们，小眼睛看脚下！"这非常重要。

所以，您在幼儿园会发现一个奇怪的现象，就是老师们通常带队都是倒着走的，一边眼睛看着孩子们，一边嘴里还碎碎念。类似这样的安全防护措施，幼儿园里还有很多，如果您到幼儿园参观，就会发现幼儿园里有很多"保护角"，墙角、桌角，都被护角套包了起来。而且现在大部分幼儿园的教室都安装了监控设施，几乎无死角，孩子们的一举一动都在看护之下。同时，幼儿园也会定期进行一些必要的安全应急演练，比如消防演练、地震防护演练，等等，目的就是为了提高师生的应急反应能力。

即使是这样，孩子们受伤这件事情也是防不胜防。究其原因，==一是孩子的自我保护能力弱==。比如孩子们经常容易摔倒，其实摔倒本身并不可怕，如果肢体协调能力强，有自我保护意识的话，大多数情况下孩子都无大碍。但是我们观察发现，现在很多孩子缺乏自我保护意识，摔倒时几乎没有本能的应急反应，他们不会用手臂去支撑以防护身体，也就是我们说的"撑都不撑一下"，所以前额、牙齿、后脑勺等部位受伤的概率大大增加。==二是孩子们对危险的预见性差==。很多时候老师已经预判到危险了，但还没来得及采取措施去制止孩子们的危险行为时，事故就发生了。

我记得曾经有一次一位老师懊恼地跟我哭诉："园长，孩子就在我旁边，我眼看着他举起积木，刚要伸手去拦，他手里的积木就砸在对面小朋友的头上了，一个大包马上就鼓起来了，前后还不到5秒钟，真是太快了！"

孩子们精力旺盛，在幼儿园里是一刻不停地活动着，只要动就有发生意外的可能。有人说："那就少让孩子动啊！"好动是孩子的天性，我们不能因噎废食。

话又说回来，哪怕孩子在睡觉时都有可能发生一些意外。比如曾经有新闻报道，孩子由于吃饱后运动不充足，在睡觉的时候睡姿也不正确，从而发生了食物反流至食管导致窒息的事故。这是非常严重的安全事故。为了防止类似的意外发生，幼儿园在每天孩子睡觉的时候，都应该配有专人值守和巡视，负责给孩子调调睡姿、盖盖被子等。

幼儿园老师在孩子睡觉前一般也会专门进行安全检查。比如检查孩子手里是否有小珠子、小扣子之类的异物，这就是为了防止个别孩子午睡时太无聊，把这些东西塞进自己的鼻孔或嘴巴里。

Q 常 爸：

新闻里曾经报道过很多让人哭笑不得的事故，都发生在那些大人们意想不到的时间和场景里。因此，时刻注意和提醒孩子，是幼儿园老师必备的技能，稍不到位，就极易发生事故。万一发生这些情况，幼儿园都是怎样处理的呢？

A 刘乐琼：

幼儿园一般会马上告知家长，并采取必要的救治手段。下面是我们幼儿园的应急处置流程，供各位家长参考。

第7章 幼儿园里的新鲜事儿：小班

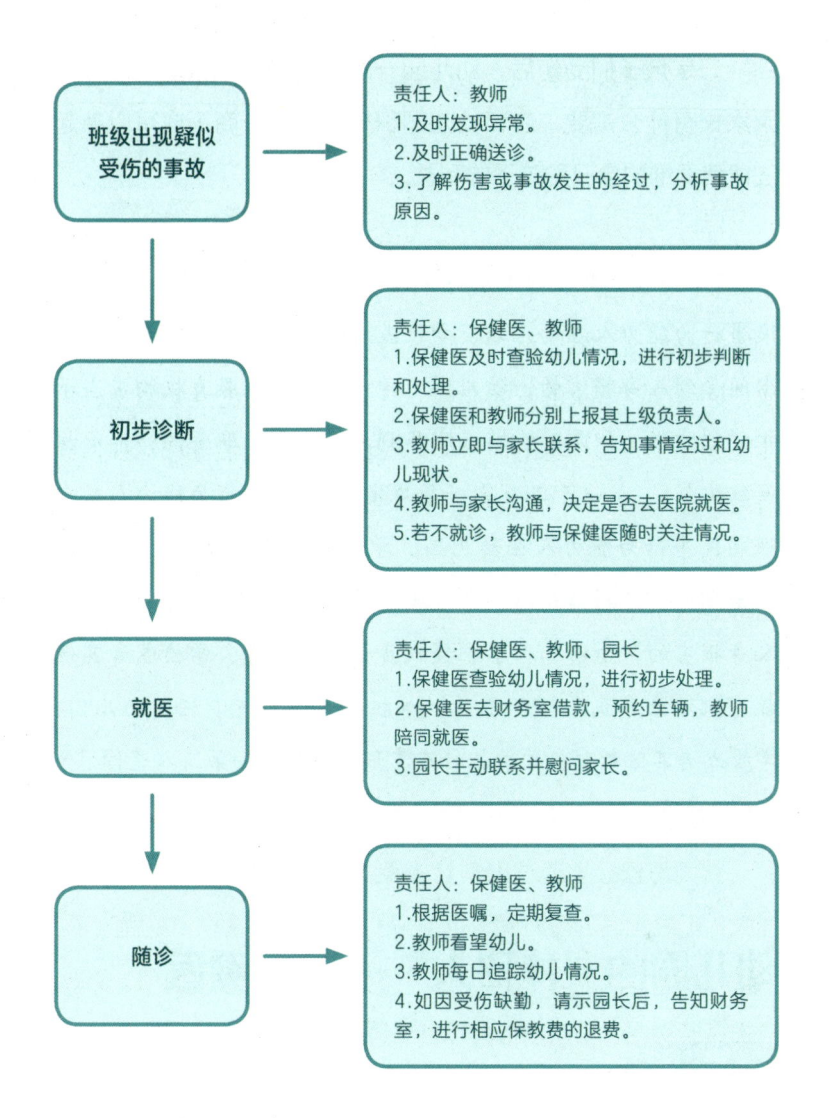

班级出现疑似受伤的事故

责任人：教师
1. 及时发现异常。
2. 及时正确送诊。
3. 了解伤害或事故发生的经过，分析事故原因。

初步诊断

责任人：保健医、教师
1. 保健医及时查验幼儿情况，进行初步判断和处理。
2. 保健医和教师分别上报其上级负责人。
3. 教师立即与家长联系，告知事情经过和幼儿现状。
4. 教师与家长沟通，决定是否去医院就医。
5. 若不就诊，教师与保健医随时关注情况。

就医

责任人：保健医、教师、园长
1. 保健医查验幼儿情况，进行初步处理。
2. 保健医去财务室借款，预约车辆，教师陪同就医。
3. 园长主动联系并慰问家长。

随诊

责任人：保健医、教师
1. 根据医嘱，定期复查。
2. 教师看望幼儿。
3. 教师每日追踪幼儿情况。
4. 如因受伤缺勤，请示园长后，告知财务室，进行相应保教费的退费。

我特别说明两点：

一是大多数幼儿园都应该为孩子们购买了保险，这样孩子们如果在园内受伤了，医疗费用能报销。

二是孩子们受伤后，幼儿园一般都会非常积极地处理，如果家长有什么需要，应和幼儿园积极协商，协商不成可以拿起法律武器维护自己和孩子的利益。

《中华人民共和国民法典》第一千一百九十九条规定："无民事行为能力人在幼儿园、学校或者其他教育机构学习、生活期间受到人身损害的，幼儿园、学校或者其他教育机构应当承担侵权责任；但是，能够证明尽到教育、管理职责的，不承担侵权责任。"第一千二百零一条规定："无民事行为能力人或者限制民事行为能力人在幼儿园、学校或者其他教育机构学习、生活期间，受到幼儿园、学校或者其他教育机构以外的第三人人身损害的，由第三人承担侵权责任；幼儿园、学校或者其他教育机构未尽到管理职责的，承担相应的补充责任。幼儿园、学校或者其他教育机构承担补充责任后，可以向第三人追偿。"

幼儿园的"神秘人"——保健医

Q 常　爸：

家长早上送孩子上幼儿园时，往往会在幼儿园门口见到幼儿园里的保健医，他们一般身穿粉色或白色大褂，手持测温设备、医用手电，逐个检查来园的孩子。那么保健医在幼儿园除了负责晨检外，还做些什么？

A 刘乐琼：

保健医对大部分家长们来说是"神龙见首不见尾"，家长可能会疑惑，幼儿园里的医生到底是负责什么的呢？我来揭秘一下吧。

其实，幼儿园配置保健医是有明确规定的。按照国家有关规定，幼儿园每 150 个孩子至少得配置 1 名保健医（部分地区的要求甚至更高，例如北京市规定每 100 个孩子配置 1 名保健医）。这是因为孩子们在 6 岁以前，正处于身心发育最关键也最迅速的时期，此时维护孩子们的身体健康、防治季节性疾病等工作就显得尤为重要，这也是幼儿园里的保健医最主要的工作。为了做好这些工作，保健医在园内一人饰多角，有多重职能和身份。

==一是"传染病吹哨人"。==保健医早上会在园门口逐个检查来园的孩子，这是为了能早点发现传染病迹象，及时发出预警信息，对疾病的防治做到早发现、早隔离。保健医口中有一个专门的术语叫"全日观察"。这意味着，保健医不仅在早上入园时起作用，还会像医院巡房的护士那样，全日在幼儿园里"溜达"，以便及时发现异常苗头。除了"吹哨"，保健医还会叮嘱家长及时为孩子接种疫苗。您会发现孩子 3 岁以前，疫苗接种本都在您自己手上，6 岁上小学以后也归您自己管，只有 3~6 岁期间会保存在幼儿园。有时候保健医比您都上心，一到接种时间，他们都会不厌其烦地提醒您快带孩子去接种疫苗。

105

二是"营养大师"。 家长会发现，孩子入园后是按照食谱吃饭的。而这个食谱大部分是由保健医制定的，食谱上的食物搭配可不是按照保健医的口味和喜好随便定的，需要根据严格的营养测算来制定，而且数学不好，可做不了这个事儿。家长们可以尝试做一做如下应用题：

3岁儿童每日蛋白质摄入量应为45克，羊肉的蛋白质含量为19克/百克，可食比例为90%。今天幼儿园出勤100个小班孩子，请问采购员今天要为小班孩子买多少羊肉？

参考公式：

可食用部分的比例$(EP) = \frac{食品重量(W) - 废弃部分的重量(W1)}{食品重量(W)} \times 100\%$

蛋白质含量$(g) = \sum \left[\frac{食物量(g)}{100(g)} \times 可食用部分的比例(EP) \times 每百克食物中蛋白质含量 \right]$

您是不是开始有点理解保健医的工作了？

三是"健康监测师"。 保健医每年都会定期监测孩子的身体发育情况和体能发展情况。身体发育情况的监测包括身高、体重、视力、听力、口腔等情况。以体重为例，按照大家的传统喂养观念，认为孩子都是胖点儿好，其实肥胖不仅会影响孩子的外貌和体形，还会对他们的骨骼发育、心血管等产生不良影响。幼儿园每年体检都会发现一批超重的孩子，此时保健医就会指导老师或家长对孩子的体重进行干预，比如适当增加运动量、减少热量摄入，等等。对于体能发展情况的监测一般包括以下项目——

坐位体前屈：反映躯干和下肢柔韧性。

立定跳远：反映儿童下肢的爆发力。

网球掷远：反映儿童上肢和腰腹肌肉力量。

双脚连续跳：反映儿童协调性和下肢肌肉力量。

10米折返跑：反映儿童在活动中的灵敏素质。

走平衡木：反映儿童平衡能力。

按照《国民体质测定标准手册（幼儿部分）》的要求，以女孩立定跳远为例，3~6岁儿童的体质测试相关标准如下表所示。

立定跳远（单位：厘米） 女

岁	5分	4分	3分	2分	1分
3	>71	55~71	40~54	29~39	21~28
3.5	>81	65~81	50~64	34~49	25~33
4	>89	74~89	60~73	44~59	32~43
4.5	>96	81~96	68~80	50~67	40~49
5	>102	89~102	75~88	60~74	50~59
5.5	>109	96~109	82~95	66~81	54~65
6	>116	101~116	87~100	71~86	60~70

体质监测的结果不只是让大人能够从中发现问题，更是老师和家长针对儿童开展运动的指导依据。比如，您会发现，在幼儿园的户外活动中，保健医也会出现在运动场上，他们来回巡视、指导，甚至还会监测孩子的心率等指标，以判断孩子的运动量是否适宜。

说起运动，我多啰唆几句。孩子仅仅靠幼儿园里的运动量是远远不够的，促使孩子养成运动的习惯需要家庭的积极参与。

我早上在幼儿园门口迎接家长和小朋友来园时，经常会发现很多孩子是被儿童车"推"来的。从家到幼儿园的距离如果只有一两千米，时间允许的话，每日徒步对孩子来说是一个非常好的锻炼机会。小班的孩子如果能远足1千米以上，说明他的耐力不错。当下很多中老年人的运动方式也只有跑步和散步，这说明过去我们国人对体育不够重视。其实，运动不仅关乎身体健康，对儿童意志的锻炼也极有好处。因此，我建议家长们节假日多陪孩子到户外去运动，培养孩子掌握一两项专门的体育技能，这会为孩子的身体健康奠定良好的基础。

四是"卫生检查员"。 前面我曾经提到过，幼儿园的卫生清洁和消毒工作是降低传染病发生率、预防食品安全事故发生的有效手段。不同的环境、不同的用具，都有不同的清洁措施、清洁时间和责任人。下面的表格展示了我们幼儿园的物品消毒时间及消毒方法。大家看了这些，应该就明白了幼儿园是如何保障孩子日常活动环境的清洁卫生。这些工作怎样落实到位，也是保健医日日跟进的工作。保健医就跟我们大学时代的宿舍管理员一样，会经常到班级里摸摸这儿、看看那儿，拿着放大镜盯卫生，为孩子的活动环境严格把关。

物品消毒时间及消毒方法

消毒物品	洁净时间	消毒方法
幼儿水杯	下班前洗净	下班前送到厨房进行蒸汽消毒
幼儿毛巾	下班前洗净、挂好	下班前送到厨房进行蒸汽消毒

（接上表）

餐桌布	每餐后洗净	洗净后用250mg/L的84消毒液浸泡20分钟
餐桌	餐前15分钟洁净	餐前10分钟擦拭消毒
玩具	每周二/五洁净，部分接触频繁的玩教具需每日清洁	图书、不耐湿玩具放在日光下暴晒4小时，耐湿玩具用250mg/L的84消毒液浸泡30分钟
水龙头、门把手	早晨幼儿进班前和中午幼儿休息时擦干净	擦干净后用250mg/L的84消毒液擦拭
地面	每餐后清洁干净	专用拖布（含消毒液）
擦布	每次用过后洗净、晒干	每天用消毒液浸泡20分钟
拖布	用过后清洗干净、控干	洁净后送阳光下晒
幼儿漱口杯	每周五清洗干净	下班前送到厨房进行蒸汽消毒
空气	早上、下午各开窗至少15分钟	幼儿离园后紫外线灯消毒1小时
厕所	每天消毒	早入园后用1:200的84消毒液清洗
果盘	吃午餐后洗净	下午3:30送厨房蒸汽消毒
桌子、玩具柜、水池	每天上午	用1:200的84消毒液擦拭消毒

注：常规情况下，84消毒液的浓度是1:200，在传染病多发季节浓度要增加一倍。

五是"救护员"。救护不是救治。一般保健医都不具备行医资质，他们提供的只是一般的救护措施，比如当孩子出现意外伤害时，他们可以做消毒伤口、冰敷等简单处理，如需进一步的处理，一般也都由他们陪同家长和孩子去医院。不仅如此，保健医一般还会把事故发生的原因、过程、处理的措施做详细的档案记录，就跟医生写病历一样。

保健医的工作远不止上面所说，他们的工作非常琐碎，也经常会被大家"视而不见"。据我观察，保健医在家长那里特别不受待见，为什么呢？因为招人烦。比如早上因为孩子有疑似传染病症状，他们不让入园；孩子没打疫苗，他们天天打电话催促家长带孩子去打疫苗……他们干的都是些"费力不讨好"的事儿。

这里我重点讲解了一下保健医的工作，就是告诉大家，他们做的是幼儿园里最基础的工作，他们是孩子们的"健康使者"。

园长爸爸说

这里还要提醒家长朋友一句：保健医的电话一定要接！

吃饭那些事儿

Q 常 爸：

"吃"永远是孩童时代的主题。回忆我们的童年，相信有很多人都有关于"吃"的美好回忆。当然，现在我们的社会物质资源丰富，吃饱早已不是问题，如何吃好才是关键。当下很多家长在孩子的"吃"上可以称得上是极其讲究，恨不得把"龙肝凤胆""山珍海味"当成孩子们的家常便饭。孩子从小到大，从奶粉到辅食都是家长们精挑细选，甚至在很多家庭里，孩子们的饭都是单独做的，喂养可谓是"细了再细"。所以到了幼儿园，家长一下就担心起来：孩子到底能不能吃好呢？

A 刘乐琼：

宝贝吃好，可是大事。好处自不必说，但我来说个过度"精细喂养"给孩子挖的坑吧——很多孩子"不会吃饭"了。这种现象在孩子刚入园时尤其明显，主要表现在两个方面。

==一是孩子吃饭时眼睛不看饭，盯着大人。==

他们用眼神期待着被喂，不喂不吃。在入园初期，好多孩子都是这种情况，不过大家可以放心，刚开始，老师一般都会一勺一勺地喂给孩子吃。但饭终究还是要自己吃的，老师也会慢慢引导孩子自主进食。这也需要我们的家长在家里做好配合和同步的引导工作。其实，从孩子 1 岁半左右开始，家长就可以培养他们自己吃饭了。家长们不要嫌孩子把饭抓得到处都是，需要给孩子们机会，相信他们总能把饭"捣鼓"进自己嘴里。

==二是有的孩子只吃肉，有的孩子只吃米饭，挑食太严重。==

在幼儿园里工作时间长了，我发现孩子们不爱吃的东西真是举不胜举，有时候甚至都怀疑采购员是不是专门挑孩子不爱吃的东西买。其实不然，食材的丰富是保障营养全面的关键。而大多数孩子最不爱吃的就是绿叶菜。虽然绿叶菜里富含各种维生素，但在孩子们眼里，绿叶菜里好像有毛毛虫和外星人，让他们一脸惧怕。

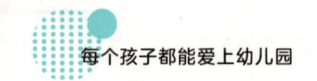

Q 常 爸：

家长对孩子在幼儿园里的吃饭问题很着急，有什么需要家长特别了解的细节吗？

A 刘乐琼：

关于幼儿园里的餐饮食谱、餐点时间和营养问题，咱们前面和后面都有讲到，这里不再赘述。我说几个关于孩子用餐习惯的"惊天大秘密"吧。

第一，吃完幼儿园的饭，孩子回家还会饿。 幼儿园给孩子们提供晚饭的时间一般在下午 4:30 左右，那么离晚上 9:00 左右的睡觉时间还有近 5 个小时，孩子再吃点东西很正常。但是晚上"吃点"就只是吃一点而已，给他们补充些水果、蔬菜之类的即可，不要过量补充主食和肉类。

第二，餐点过时不候，过量没有。 孩子们在幼儿园里一般都是定点吃饭、按量分发、限时吃饭的。幼儿园通过集体食堂为孩子们供餐，所以一般不会为某个孩子"开小灶"，不像去饭店一样随来随吃。幼儿园的大厨们会按时按点把饭做好，但过时不候，特别是过早饭不候，所以家长们要按时送孩子入园。园内的餐点间隔时长大约是 2 小时，正餐和加点会间隔开来，正餐的进餐时间控制在 30 分钟左右。按量分发的意思是，每人按照"营养计算"的结果平均分配，比如每个小朋友上午的加餐都是糕点一块，枣子两颗。当然，有剩余的餐点，也会给想吃的小朋友再分一点。

第三，餐费少交不够，多交无益。 您为孩子交的伙食费一般都是专款专用，这个规定在全国各地应该都是一样的，也就是说餐费是不允许盈利的，幼儿园会按照食材等的成本，以实际发生的费用收取。由于物价不同，各地区的伙食费标准还是有差异的。

第四，孩子的饭，大人吃不惯。 给孩子们做饭和给大人做饭还是有很大差异的，五星级饭店的大厨也不一定能做好孩子的饭。孩子的饭一般都少油、少盐，更不使用各类食品添加剂，味道很清淡，对一些口味重的家长来说甚至是淡而无味。

第五，孩子一般都记不住自己吃了什么。 孩子从幼儿园回家，您问："今天晚饭吃了什么呀？"如果他回答"饭"，你不要诧异。因为幼儿园的食品往往是起了名字的，比如"珍珠翡翠白玉汤"，其实就是豆腐、小白菜、虾皮汤。虽然很多幼儿园老师会跟孩子介绍食谱和食材，但是孩子听到那些奇奇怪怪的名字时，就像您第一次接触元素周期表一样——它认识您，您不认识它，不费点功夫是记不住那些名词的。年龄大一点的孩子顶多能跟您汇报下吃了米饭、肉、菜还有汤。对于小班的孩子，您就别指望他能说得很详细了。

说了这么多，在吃上还有一条最重要，就是**"食品安全"**。如果您有机会，一定要去参观一下幼儿园的食堂，如果后厨干净整洁，物品分类清晰，厨师穿戴干净整齐，操作有章可循，食品的安全就大概率能够得到保证。

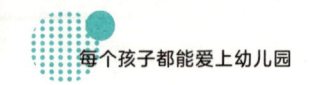

如何看待虐童事件？

Q 常爸：

媒体上时常会爆出某幼儿园老师虐童的事件。此类事件一度造成家长们的恐慌，甚至有家长紧张到一回家就问孩子："老师打你了吗？老师拿什么东西扎过你吗？老师对你做过什么奇怪的事情吗？"您怎么看此类事件？家长应该如何理性看待？幼儿园又是怎样规避这样的事情发生的？

A 刘乐琼：

我们分析过很多违背师德的案例，特别是媒体报道的一些学校或者幼儿园体罚、变相体罚学生的新闻，得出一个结论：当事人大多既不懂法律又不尊重儿童，还很不专业。

第一，不懂法律，无敬畏之心，法律明令禁止而为之是违法。

一个社会如何看待儿童的权益，很大程度上能反映这个社会整体的文明程度。1989 年 11 月 20 日第 44 届联合国大会第 25 号决议通过的《儿童权利公约》(Convention on the Rights of the Child)，是第一部有关保障儿童权利且具有法律约束力的国际性约定，于 1990 年 9 月 2 日生效。其中就有如下约定："缔约国应采取一切适当的立法、行政、社会和教育措施，保护儿童在受父母、法定监护人或其他任何负责照管儿童的人的照料时，不致受到任何形式的身心摧残、伤害或凌辱，忽视或照料不周，虐待或剥削，包括性侵犯。"

我国作为《儿童权利公约》的缔约国之一，在儿童权利保护上取得了长足的进步。《中华人民共和国教育法》《中华人民共和国未成年人保护法》《中华人民共和国家庭教育促进法》《中华人民共和国反家庭暴力法》等法律都通过立法的形式对儿童予以保护。像新修订的《中华人民共和国未成年人保护法》就特别明确了"学校、幼儿园的教职员工应当尊重未成年人人格尊严，不得对未成年人实施体罚、变相体罚或者其他侮辱人格尊严的行为。"《中华人民共和国刑法》第二百六十条之一规定："对未成年人、老年人、患病的人、残疾人等负有监护、看护职责的人虐待被监护、看护的人，情节恶劣的，处三年以下有期徒刑或者拘役。"《中华人民共和国治安管理处罚法》第四十三条规定："殴打他人的，或者故意伤害他人身体的，处五日以上十日以下拘留，并处二百元以上五百元以下罚款；情节较轻的，处五日以下拘留或者五百元以下罚款。"这些法律法规都对违反法律带来的后果做出了具体的描述，所以不论是谁，虐童都是违法的。

第二，不懂儿童，忽视个体差异，一刀切，伤人伤己。

每个儿童都是独特的，特别是放在集体里，我们会发现哪怕是做同样一件事情，每个孩子的表现都会不一样。比如，中午 30 个孩子在一起吃饭，您要是仔细观察，就会发现每个孩子有什么特点了。有的孩子细嚼慢咽、认真细致，一粒米都不剩；有的孩子做事小心谨慎，自己去盛汤的时候会慢慢踱着步子，把满满一碗汤一滴不洒地带回来；有的孩子狼吞虎咽，一碗饭

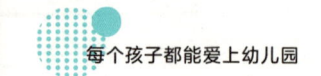

没吃几口就吃完了,再看他面前的桌子上,到处是米粒,衣服上也挂着不少菜叶;有的孩子属于热心肠,自己还没吃利索呢,老关心别的同伴吃好没,一会儿说你菜还没吃呢,一会儿说你该去盛汤了;有的孩子一吃饭就发呆,饭在面前,心在九霄,眼睛发直,勺子一直在碗里动,但就是不往嘴里送;有的孩子动作幅度特别大,他的勺子在碗里,就跟炒勺在锅里一样乱撞,不是洒汤就是掉米饭;有的孩子是话痨,饭没吃几口,老想找人聊天,聊今天的趣事、昨天的故事,不管别人听不听,反正就自顾自地讲;有的孩子太关注好朋友了,每到吃饭必坐一起,不在一起吃不下饭……听完我的这些描述,您有没有一种进了学校大食堂的感觉?如果我们只用吃饭"快"和"慢"来评价孩子,是不是太苍白无力、单调乏味?如果用统一的标准去要求孩子们,他们做得到吗?所以,成人如果用强硬的方法去对待孩子,就是害人害己。

第三,不专业、没有教育智慧的人,才会高高举起自己的巴掌。

幼儿园教师是一个高度专业化的职业,它是有专门的职业标准的,教育部在 2012 年就颁布出台了《幼儿园教师专业标准(试行)》,里面对一个幼儿园教师应该具备什么样的素养提出了具体要求。我给大家举个例子说明一下,老师跟 3~6 岁的孩子打交道,需要什么样的教育智慧。

小朋友 G 一直以来都无法做到上课认真听讲,喜欢和小朋友闲聊和打闹。几乎每次集体活动老师都要提醒他纪律的问题，也会让他换座位，让他坐在安静听课的小朋友旁边。突然有一段时间，老师发现他在被提醒纪律问题后特别叛逆，不仅意识不到自己做的是不对的，反而会嬉皮笑脸地反问老师"我又怎么了"。并且他总是和小朋友说不文明的话，给小朋友起不好听的绰号等。最后他不仅变得越来越游离于集体活动之外，不受约束，还开始变得天不怕地不怕，也严重影响了整个班级的常规教学。

智慧一：基于观察的分析。

关于老师批评后会笑或者反问老师"我又怎么了"，老师分析后认为 G 比较缺乏规则意识，不知道上课聊天是不对的行为，他觉得身边的小朋友都喜欢和他聊天，他其实是很高兴有朋友一起玩的。"嬉皮笑脸地反问老师"，可能是因为他认为这是吸引别的小朋友注意力的方式，或者他觉得这是一种挽回自己形象的策略——这样小朋友就觉得他并不怕老师的批评，老师也拿他没办法。关于说不文明的话，以及给小朋友随便起绰号，应该是因为好奇心重或者模仿他人。当然，要了解全面，老师需要进一步向家长了解孩子为什么会这么说，并提醒家长多注意类似情况。

智慧二：找家长。

老师决定与小朋友 G 的家长谈谈。G 的家长提到，他们在家的教育方式是在遇到问题后会和孩子深入沟通，还会通过情境模拟等方式帮孩子理解道理，只有让他发自内心地认识到自己的问题，他才会改正。至于说不文明的话，家长表示可能和孩子最近在家刷牙时听的播放器里的故事有关，这个故事暂时不会再让他听了。

智慧三：找策略。

老师和家长约定好，让家长和孩子在上学的前一天晚上就讨论好第二天他需要做到的事情，并写到小纸条上，然后第二天孩子将小纸条带到幼儿园，老师会监督他做得好不好，离园前在他的小纸条上写上今天表现好的地方和需要继续加油的地方。后来，G每天早上都会把小纸条带来交给老师，老师会看到他和父母前一天晚上约定的今天要努力的地方，比如做操往前站、上课认真听讲、不说不文明的话等。

智慧四：激励评价。

有一天G表现得特别好，老师在大家吃晚餐前，和他们一起回顾了当天计划的完成情况，到小朋友G时，他描述了自己今天在哪些方面进步了。这时老师及时给予他肯定，还让全班小朋友给他鼓掌，并表示期待他越来越好。孩子的努力得到了掌声，他看起来非常高兴。第二天家长说知道孩子最近在园内的进步很大，十分开心，孩子还特意和他们说小朋友都给他鼓了掌，家长对老师很感激。

智慧五：持之以恒，终有变化。

坚持了十几天后，G基本上每天都能控制好自己的行为，规则意识大大增强。晚上离园时老师和他聊天。

他问:"老师,我最近棒不棒?"

老师说:"很棒,你能在老师的提醒下及时调整自己的行为,感觉你已经成为一个大孩子了,老师非常开心。"

他说:"我从坏孩子变成了一个好孩子。"

老师说:"你之前不是坏孩子,是太淘气了。"

他认真地点头说:"嗯,我从淘气的孩子变成了一个很棒的孩子。"

这是一个有教育智慧的老师的工作日常。如果老师不讲方法、策略,很有可能会采取"短平快"的方式,比如责骂、漠视、惩罚等,而这样的方式不仅是无效的,而且是有害的。

要想杜绝违背师德伦理的事情发生,老师们应该从明确法律底线、读懂儿童心理、提高教育智慧入手。这是一个系统工程,不仅需要学校、幼儿园和教育主管部门的共同努力,更需要全社会的推动。比如,一个家长认为自己打两下孩子没问题,说明他对儿童权利的认知还存在较大的误区,如果全社会都能尊重儿童,而不是把他们当作弱者、附属品,我相信老师们的"儿童观""教育观"也会更健康。

当然,家长们最担忧的是,自己的孩子会不会在幼儿园里受到不公正的对待,如果有这样的事情发生,让我们一起坚决地反对它,并坚定地拿起法律武器维护孩子的合法权益。

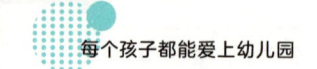

怎样才能提高孩子的自理能力？

Q 常 爸：

初入小班，有些孩子还不会自己擦屁股，拉便便需要老师帮忙擦。家长也担心："要是拉了、尿了，弄到裤子里，孩子多不舒服呀！万一有别的小朋友嘲笑他，他肯定更难过了。"咱们来聊聊孩子自理能力的话题吧。

A 刘乐琼：

人是赤条条地来到这个世界上的，穿衣是后天习得的技能，还有洗手、擦屁股、用勺或者筷子吃饭等也都是如此，这些都需要孩子勤加练习，才能熟练起来。懂了这个道理后，我们就知道该怎样看待和培养孩子的自理能力了。

首先，试错是学习的必经之路。 一个人初学开车时，大概率会被教练反复提醒、纠错，不是忘系安全带，就是忘记观察后视镜，再不然就忘记打转向灯，等终于停车了又忘记拉手刹……反正就是各种出错。但是只要驾驶经验多了，这些错误就会减少很多，老司机就是这样养成的。

孩子的学习也像我们学车一样，如果家长想让孩子具备自理能力，就应该给孩子锻炼的机会，想让孩子掌握技能，最好的方法就是让他自己多练习，千万别怕孩子出错。小班的孩子尿湿裤子、把衣服弄脏等都是非常正常的现象，这并不丢人，因为此时的他正在学着掌握这些技能，在您或者老师的指导下，他们总有一天会学会自我服务，不再出错。

其次，只要是学习就一定有方法。模仿是孩子们习得经验最主要的途径，"你做他看、你做他学、你做他也做"是培养孩子技能最重要的手段。像学穿衣服最好的训练时间是早上起床的时候，您穿他也穿；学洗手的最好时间是吃饭前，您洗他也洗；养成午睡习惯最好的时间是中午，您睡他也睡，就这么简单。当然，在幼儿园里，孩子们的自理能力培养会被当作一门专门的课来上，孩子们唱着儿歌、讲着故事、模仿着动作，跟老师学、听指令做、看图做、和同伴一起做，很快他们就会成为一个自理小达人。

最后，学习这件事，有了成绩就应该得到及时的鼓励。洗手、上厕所、吃饭、午睡这些技能，是孩子们付出了巨大的努力才掌握的，应该被大力表扬。此时我们应该多给孩子些精神鼓励，别吝啬自己的赞美之情，可以对孩子说："呀，你今天中午竟然把青菜都吃光了，你一定会是一个身体棒棒的小朋友！""你今天早上自己穿上了袜子，你太棒了！""老师说你在幼儿园学会了擦屁股，我为你感到自豪。"这类的表扬和肯定要多回响在孩子的耳旁。

园长爸爸说

自己动手，丰衣足食。在孩子的自理能力培养上，这句话永不过时。学游泳得在泳池里扑腾，学吃饭得在饭桌上折腾，学睡觉得在床上翻腾，学擦屁股得在厕所里倒腾……家长就放手让孩子自己干吧！

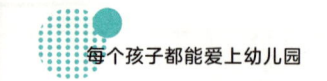

孩子在小班的收获

Q 常 爸：

刘园长，聊到这儿我发现一个挺有意思的事儿。有的家长认为幼儿园是教孩子唱歌、跳舞、玩游戏的地方，有的家长认为幼儿园应该要教孩子学文化，而您却跟我说了一大堆吃喝拉撒的事儿。

A 刘乐琼：

别小瞧吃喝拉撒，以吃喝为例，这里面可大有学问，它不仅关乎孩子的身体健康，还蕴藏了许多学习的机会。

像饭前便后洗手的过程有七步，一步步做下来要有"序"，而"序"是重要的数学概念；再比如孩子吃点心的时候，每次自取两颗枣、一块饼干，这就是"数量"；孩子每次喝水要喝大半杯水，就是初步学习"测量"。如果脱离具体动作和生活场景，数字对孩子来说就只是抽象而难以理解的符号，毫无意义可言。

还有，孩子们吃饭、洗手时，都会排队等待，这个过程里包含了先来后到、分享、谦让、公平等基本社会规则的学习，这些对儿童学会共同生活极其有利，是培养孩子社会性的重要途径。由此可见，吃喝不等同于单纯的"喂养"，这其实是培养孩子综合能力的重要过程。

幼儿园中有许多教育机会，小班孩子入园后，面对吃喝拉撒这些"跳一跳就能够得着"的挑战任务，只要老师的"临门一脚"

给予鼓励和引导，孩子们就能收获巨大的喜悦和成就感，这就是自我效能感产生的源泉，所以家长千万不要小觑吃喝拉撒。

当然，孩子们在小班末期也会有许多其他的惊人表现，我给大家大致讲一下。

第一，在心理适应方面，孩子经过小班一年的锻炼，已经能很好地适应集体生活，能与除父母之外的其他成人，比如老师，建立稳固的关系。再面对新的环境时，他们的情绪也能较快稳定下来，这曾是初入园的小班孩子面临的最艰难的一关，但此时，他们已经处理得游刃有余了。

第二，在动作发展上，孩子们有了一定的平衡能力，能走低矮的马路牙子了。他们的上下肢肌肉也有力量和耐力了，快跑一二十米不是问题，缓慢步行的话，走上 1 千米也有可能。他们还能像小兔子那样双脚连续跳一段距离。虽然他们的手还不太灵活，但是他们已经能用勺子吃饭了，甚至用剪刀沿直线剪纸也完全不是问题。

第三，在语言发展方面，他们进步神速，教几遍的儿歌很快就能记住，还能说出自己和家长的名字、电话号码等简单信息。除此之外，很多孩子已经能口齿清晰地念童谣或复述简短的故事，还有的孩子开始缠着爸爸妈妈要求他们讲故事、读图书，他们甚至能煞有介事地自己读图、读书了。他们特别喜欢涂涂画画，画完了还能给家长讲讲他画了什么。

第四，在科学认知上，孩子们开始喜欢问各种奇奇怪怪的问题或好奇地摆弄各种物品。一些物体明显的特征会被孩子们捕捉到，比如大小、多少、冷暖、软硬、长短、上下、前后、里外等；他们可以手口一致地点数物品的数量了，比如能指着桌子上的杯子依次点数，一个，两个，三个，然后说一共有三个杯子。

第五，在艺术方面，他们会被好听的声音吸引，经常自哼自唱或模仿有趣的动作、表情和声调，还能跟随熟悉的音乐做身体动作。我们常常看到很多孩子只要音乐一响，动作自来。此时，大部分的孩子已经能用简单的线条和色彩大致画出自己想画的人或事物，虽然线条简单，但是主要特征还是有的，比如很多孩子画的人都是"火柴人"，它们通常有一个大大的脑袋和简单的躯干、四肢，虽然没有丰富的细节，但是也活灵活现。

说到这里，我再特别强调一下，上面列举的是孩子的一般发展规律，并不能完全反映个体之间的差异。有些孩子在发展上是靠"前"的，也有些孩子的发展是不均衡的，很多孩子在某些方面表现得特别"突出"，但有些方面又显得稍"慢"一些，这都属于正常现象，我们不可将孩子简单对标，一味强求他们与他人一样。

本章小结

◆ 三四岁孩子之间发生的冲突有典型的即时性特点，大多数时候，孩子之间冲突的时机、对象都是随机的，有一定的不可预料性，家长不必过于焦虑。

◆ 家长与老师的沟通尽量当面进行，别只是简单地给老师发短信；双方做到真诚沟通，不绕弯子；家长别只在孩子出现问题的时候才和老师交流，也别动不动就直接找园领导。

◆ 想让孩子掌握技能，最好的方法就是让他自己多练习；模仿是孩子们习得经验的最主要途径；孩子有了成绩，应该得到及时的鼓励。

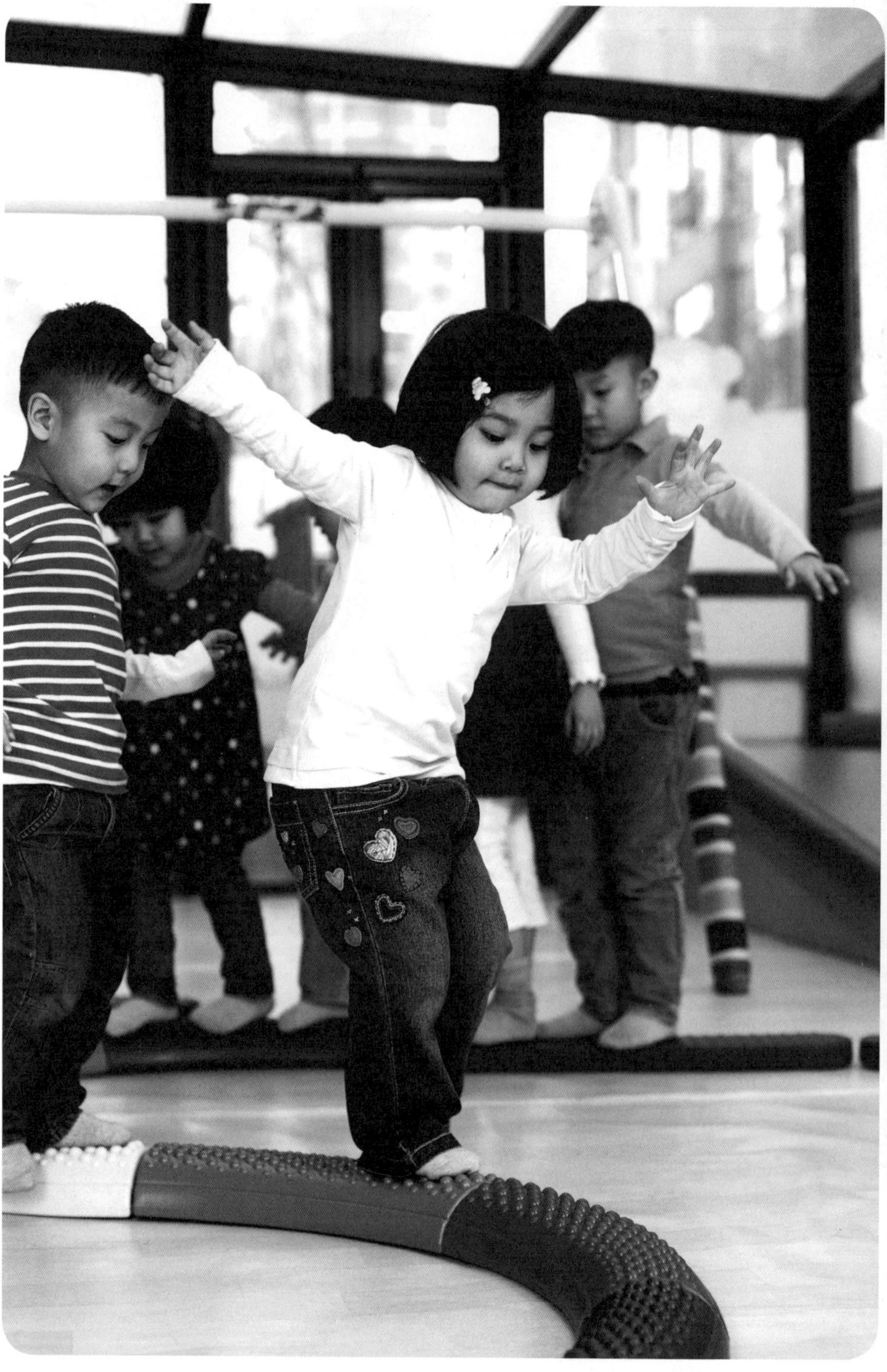

第 8 章
"可算是省点心了？"：中班

中班孩子在生活上更为独立，学习中更加活跃，自主性和主动性也更强，还有更强烈的同伴交往需求。他们正一点点地把视野投向更广阔的世界，父母也正在变成他世界的一部分，而不再是全部，所以他不"乖"也很正常。

中班孩子最明显的特点

Q 常 爸：

我们常说：士别三日，当刮目相待。这话用在孩子身上也很恰当。现在，孩子终于升到中班了，他们会有哪些显著的变化呢？

A 刘乐琼：

第一，孩子不那么容易生病了。在幼儿园里，中班孩子的出勤率明显高于小班孩子。小班孩子要实现全勤可不是件容易的事儿，很多家长都被孩子反复生病折磨得不轻。等到第二年秋季升中班后，您会发现，孩子们的身体明显变强壮了，经过小班时期的各种历练，他们的抵抗力变得强大起来，很多孩子都能天天去幼儿园了，于是"全勤宝宝"越来越多。

第二，孩子爱扎堆一起玩儿了。孩子不会老缠着成人了，原来是"妈妈陪我玩这个""爸爸陪我玩那个"，现在是看到哪里小朋友多他就往哪里凑，甚至很快就能和其他孩子打成一片，玩到一起。虽然闹矛盾是孩子之间时常会发生的事儿，但是也挡不住他们在一起玩儿的愿望。

==第三，家长说的话好像不再永远是对的了。==特别是当家长要求他做某事时，他会反问："你为什么不做？"有时候还会当面告状。假如家长说："宝宝，好好吃饭，吃饭时不要说话。"他就会说，上次吃饭时爸爸还说话来着。等下次您带他和朋友一起吃饭聊天时，他就会振振有词地说："吃饭时不许说话。"很多时候，他们的逻辑是这样的——"你可以干，我就可以干！""你不可以干，但我可以干！""我不能干，你也别想干！"

==第四，他们明显变"淘气"了，更喜欢自己动手探索周围的一切。==这时候受好奇心的驱使，他们也极容易出现很多"破坏性"的行为，比如打碎花瓶、摔碎玩具、打开首饰盒、弄断口红……"孩子静悄悄，必定在作妖"，真是所言不虚啊！但这些都是他们成长过程中遇到的小插曲，此时请家长们在心里默念三遍：这是我亲生的，这是我亲生的，这是我亲生的！

此外，别看此时的孩子爱干"坏"事儿，可是实际上他们非常喜欢当"好"人。比如和大人一起玩扮演奥特曼的游戏时，大人总会被他们要求扮成各种大怪兽，而他永远要做英雄。这说明在他心目中已经有英雄梦了，当您问他长大要做什么，他的回答一定是做那些卓尔不群的"大人物"！

Q 常 爸：

上了中班，很多家长觉得孩子已经不是自己的乖宝宝了。这个时候，他在生活上更为独立，学习中更加活跃，自主性和主动性也更强，还有更强烈的同伴交往需求。他们正一点点地把视野投向更广阔的世界，父母也正在变成他世界的一部分，而不再是全部，所以他不"乖"也很正常。

A 刘乐琼：

没错，咱们做好准备，迎接并不省心的中班时代吧！

五花八门的家庭任务

Q 常 爸：

网上有很多这样的段子：幼儿园老师让孩子带一条鱼去幼儿园，其他小朋友带的都是小金鱼，唯独一位小朋友用大大的盆带了一条鲤鱼；幼儿园老师让带"多肉"，结果一位小朋友带了2斤五花肉。总之，因为老师布置的这些家庭任务，发生了很多令人啼笑皆非的故事，很多人也在吐槽幼儿园布置的各类稀奇古怪的"任务"。

幼儿园老师让孩子带这些东西，肯定是有用处的，但是，非这么做不可吗？

A 刘乐琼：

我读研究生时，有个同学比我大几岁，他那时候已经儿女双全了。他一直都是认真好学的好学生，每次都早早来教室等着老师上课。但有一次，老师都上课好长时间了，他才背着个书包，手里提着一个塑料袋匆匆走进教室。我问他干什么去了，他没好气地跟我说："这些幼儿园老师真是事儿多，非要家长找十种不同的树叶给孩子带到幼儿园去，这不，我瞅着校园里的树挺多，一大早捡树叶去了。"类似这样的事情，只要是孩子上了幼儿园，家长就一定会有体验到的机会。为什么要这样呢？

这得从幼儿园阶段教育的特殊性说起。在中小学阶段，老师都是按照课标和教学大纲上课的，孩子们也有统一的课本，大多数知识的学习在课堂上就能完成。而幼儿园的孩子们基本没有阅读文字的能力，他们的"课堂"更依赖各种可以亲身体验、直接感受、动手操作的"活动"。

比如春暖花开的季节，为了让孩子们能感受和体验到春天的美，探索春天的秘密，老师们就会把"课堂"搬到"室外"，让他们用眼睛看一看，用耳朵听一听，用鼻子闻一闻，用小手摸一摸，甚至用嘴巴尝一尝，这样孩子们能在活动中建立对春天的多维度体验和认知，这就是幼儿园"课堂"的特殊性所在。

在幼儿园里找春天还远远不够，园外有很多资源，比如公园、郊外，这些都会为孩子提供丰富的教育机会。这样一来，教育自然就会延伸到家庭中去了，家长周末就会有亲子共游的任务。据我观察，在所有的学段中，对家校协作需求最大的就是幼儿园阶段，学段越高，家庭的参与就越少，而到了高等教育阶段，家庭基本不需要参与了。

在幼儿园里，老师发布这些任务的初衷是好的，如果家长利用得当，不仅能为孩子提供丰富的活动机会，还能培养孩子的任务意识，以及提高亲子陪伴的质量。把家庭变成教育场，这是非常有利于孩子发展的。但是如果老师只是简单地布置任务，不向家长讲清原因和教学目的，直接摊派任务，又或者任务难度过高，幼儿无法完成，就相当于给家长布置任务，那么教育的味儿就变了。

我盘点了一下老师们布置的任务，大约有这么几类，供大家参考：

第一，参观调查类，比如找春天、找秋天、参观博物馆、采访爸爸妈妈等。家长注意了，这类任务一定是让孩子自己去找、去寻、去采访，如果是家长包办代替，还不如不做。家长在家庭里协助孩子调查完毕后，幼儿园老师往往会组织一些分享、展示活动，此时有一手经验的和没有一手经验的孩子，表现就会有天壤之别。

第二，收集物品类，比如捡个树枝、落叶，带个菜根、种子，找个瓶子、罐子等。这些物品收集的过程也是教育的过程，比如在我前面分享的案例中，我的同学为孩子找不同树叶的过程，如果让孩子亲自去做，那就是一次难得的数学分类游戏和科学探究活动。这些物品到了幼儿园都会成为孩子实践活动的材料，比如种植活动、美工活动、科学探索活动等。

第三，艺术制作类，比如画张画、做个小手工。虽然孩子们的作品总是很稚嫩、很粗糙，但即便是这样，家长也最好只是打个下手，以孩子的创作为主，切不可以"干净""规整""漂亮""完美"等为由越俎代庖。

第四，其他类，包括阅读、表演、学唱儿歌、运动等。这种活动也是一贯的原则，多让孩子亲力亲为。

> **园长爸爸说**
>
> 面对幼儿园老师布置的任务，有时间就多做，没时间就少做，要做就让孩子自己多做。有时候这些任务确实会占用家长不少的时间，不过话又说回来了，陪孩子一起完成任务，对孩子来说，也是一种高质量的陪伴。

孩子"闯祸"怎么办？

Q 常 爸：

有的孩子爱和其他小朋友"热烈互动"。我记得有一次，一个同事跟我请假，就是因为幼儿园老师给他打电话说："你家孩子又把别人挠了。放学你来接孩子吧！咱们沟通一下。"孩子经常"闯祸"，家长应该怎么做呢？

A 刘乐琼：

在我们的家园合作模式里，有个特别有意思的现象。在家里，孩子如果调皮捣蛋不听话，家长会说："再这么闹，我告诉你们老师！"这表明家长已经别无他法，想靠学校的老师来管管家里的事儿。而在学校里，当孩子调皮捣蛋时，老师又会说："让你家长来，我要告诉你家长。"那说明老师也已经别无他法，想靠家长来管管学校里的事儿了。

所以当老师向您告状说"你家孩子'闯祸'了"时，大概率是事情已经超出老师自己能解决的范围了，这是向您求助呢。

据我观察，如果老师告诉家长"你们家孩子又把别人挠了"，家长们的反应会有以下几种类型。

==第一种是回避型，避重就轻，顾左右而言他，总之就是不想管。==

"哦，他不是故意的，他就是想跟其他小朋友玩，他平时可乖了。"

==第二种是袒护型，千错万错不会是自家孩子的错。==

"不会吧，是不是有人招惹他了？我们家孩子就是惹不得，您提醒其他小朋友，下次别老招惹他。"

==第三种是暴击型，劈头盖脸、不分青红皂白地责怪自己孩子，千错万错都是自己孩子的错。==

"这孩子是怎么了？老师，他以后要是再挠人，您就让别人挠回去，要不就别让他吃饭，我一会儿就收拾他一顿，看他下次还敢不敢。"

Q 常 爸：

以上几种家长的反应都很有代表性，但显然处理方法都不得当。

A 刘乐琼：

是的。那作为家长该怎么处理才恰当呢？

第一步，了解清楚事情的前因后果。

对于事情的经过，老师有描述，孩子也会有自己的看法，我们兼听则明。特别是要给孩子一个讲述"冲突怎么发生"的机会，以免冤枉孩子。很多时候，如果孩子真的错了，他自己说着说着，就会意识到自己哪里错了。

第二步，问问孩子，他的感受如何。

如果孩子此时正沉浸在委屈、愤怒、伤心的情绪里，无论是家长还是老师的大道理都不容易被孩子接纳。所以，您得先接受他的情绪，让他的情绪释放出来，而不是让他忍着。这里我多说几句，在我们的传统教养习惯里，很多家长要么对孩子的负面情绪视而不见，要么要求负面的情绪立刻消失，很少有家长能跟孩子在情绪上"同频""同理"。大部分家长不愿接纳孩子的负面情绪，更不会教孩子如何去处理负面情绪，我们经常用"哄"或"禁"的方式处理孩子的苦恼，这是远远不够的。

我们要教孩子学会认识、疏导自我的情绪。家长可以观察一下，孩子生气的时候是摔东西，大喊大叫，还是大声表达出自己的不满，或者是试图让自己平静下来？这说到底是一种行为模式，而行为大多是后天习得的，比如我家闺女爱哭，我就告诉她"当你伤心得哭个不停的时候，请你试着深吸一口气，再深呼一口气"，时间长了，她就学会用这种方法控制自己的"哭"，很快就会让自己平静下来。

==第三步，问问孩子，把别人挠了后，他希望你和他一起做些什么。==

此时我们不要着急下结论，先听听孩子怎么说，不管合理还是不合理，听完孩子的话后你们再一起分析分析，看看哪个方案更可行。这个年纪的孩子，如果真的闯了祸，您一定要跟他讲：爸爸妈妈和你一起处理，即使你犯了错误，我还是很爱你的。

==第四步，问问孩子，下次再遇到这样的事儿，他会怎么做。（没有唯一答案，孩子能表达出自己的想法就是解决问题的开始。）==

先听孩子说，然后再和孩子一起分析，如果下一次遇到同样的情况要怎么做。同时还要告诉孩子，犯错不可怕，可怕的是一直错下去，知错能改，善莫大焉。

Q 常 爸：

温馨提示：家长们最好能选择适宜的时间和地点，心平气和地进行以上四步，请避免在气头上干这些事情，否则会适得其反。

A 刘乐琼：

是的。

第五步，和孩子一起认真地做好善后工作。

孩子伤了人，必须要跟他人道歉，要他明白任何事情都不能成为伤害别人的理由。父母作为孩子的监护人，也要主动做好孩子的榜样，需要向受伤孩子的家长真诚道歉，还可以和孩子一起亲手做一个小礼物送给受伤的孩子。或者孩子还有其他更好的方式，都可以根据实际情况来进行。

揭秘中班孩子的一日生活

Q 常 爸：

接孩子放学的时候，我们喜欢问孩子："你今天在幼儿园里做什么啦？"但是孩子经常说不出来。中班的孩子在幼儿园都做些什么呢？请刘园长给我们揭秘一下中班孩子的一日生活吧。

A 刘乐琼：

首先我说明一下，不同的幼儿园在作息安排、活动形式及活动内容上会有一定的差异。但即使是有差异，幼儿园各类活动的内容、类型及组织方式还是有相似之处的。接下来我就给家长们大致介绍一下，中班孩子在幼儿园都有哪些日常活动。

一是生活活动。如吃饭、喝水、上厕所、睡觉,这些也是中班孩子每天都要经历的,我就不多说了。孩子们每天早上七点半来,傍晚五点半走,生活活动时间大概占了在园时间的40%。

二是户外活动。一般情况下,幼儿园上午和下午会各安排至少1个小时的户外活动。户外活动又分为常见的三种:一种是课间操,就跟中小学做广播体操差不多;一种是集体游戏活动,这种是由老师组织全体孩子玩的体育游戏,诸如老鹰捉小鸡,举这个例子纯属方便大家理解,如今的幼儿园老师们组织的体育游戏可比老鹰捉小鸡有意思多了;还有一种就是分散游戏,有的家长总问,幼儿园里那么多滑梯,孩子们什么时候可以玩啊?分散游戏时间,孩子们就可以玩这些设施了。在这个游戏时间段,孩子一般比较自由,孩子们不仅可以玩游戏设施,还可以在大自然中捡树叶、玩水、玩沙等。

三是集体教育活动,您可以理解为"课堂"。这个活动时间一般一次为30分钟左右,小班的课堂时间会更短,在20分钟左右。可能家长想象中的课堂大多是中小学那种形式,但是在幼儿园,孩子们既没有固定座位,也不一定会用到桌子,有讨论活动,也有操作活动。有时候老师还会组织大家走出教室,走到院子里赏花、赏草,这也是集体教育活动。当然,既然是集体教育活动,就一定会有教育目标,那些在家长看起来"随意"组织的活动,实际上也是老师们费尽了心思去设计的。虽然幼儿园的教学一般都没有采用统一的教材,但是也有五大领域的发展目标,这五个领域分别是"健康、语言、社会、科学、艺术"。当然,有些家长可能会对集体教育活动产生一定的顾虑,会质疑:一两个老师要面对二三十个孩子,能顾过来吗?这个不用担心,智慧的老师会把孩子们先分成小组,再进行活动,这样一来,每个老师负责一组,就可以很好地兼顾更多的小朋友了。

四是活动区活动。这样的活动每天都会进行1~2个小时。您可以把活动区理解为里面放置着不同种类的玩具,供孩子们自由出入、玩耍的地方。在班级里,不同的活动区包括但不限于以下几种:

美工区。就是可以让孩子涂涂画画、做手工的活动区域,里面的纸、笔、颜料等美术用品一应俱全。

建构区。里面有各种各样的积木和拼插类玩具,孩子们在这里可以"建房子""修路""筑桥""造物"。

角色区。里面有我们日常生活里各种常见物品的仿真玩具,可以供孩子们"洗衣""做饭""照顾小宝宝",有的幼儿园在这个区域还配有迷你的"医院""超市""理发店"。在这里,孩子们可以尽情扮演不同的角色,玩各种各样的过家家游戏。

科学区。这里提供了可以让孩子感知声、光、电、力、磁等科学现象的各种工具和材料,孩子们还可以在这里做实验、搞"发明"。

益智区。这里有拼图、迷宫、游戏棋等各种益智类玩具,供孩子们动手摆弄,开发大脑。

阅读区。这里布置了阅读角,还配有小沙发、阅读桌等。

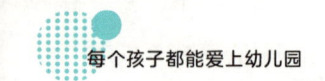

书架上陈列了大量的图画书、科普书、故事书,简直就是一个小型图书馆。

表演区。这里有许多乐器和表演道具,如鼓、锣、琴、铃,头饰、发饰、服装、纱巾、彩带等,供孩子唱歌、跳舞、奏乐、娱乐之用。

以上几大类活动就是孩子们在幼儿园里经常会参加的活动,幼儿园的活动虽然多种多样,但越是贴近孩子生活的活动,越容易引发孩子的兴趣,也越便于孩子直接感知、实际操作、亲身体验。因此,在班级中,老师和孩子往往会用一种"主题推进式"的方式进行活动,您也可以理解为师生合作搞"项目"。比如研究蚂蚁,老师就会带孩子们到室外观察蚂蚁的特点,一起通过集体或小组活动探索蚂蚁的秘密,然后会在美工区里教孩子们用彩泥捏蚂蚁,甚至还可以在科学区里饲养蚂蚁等。

幼儿园换老师那些事儿

Q 常 爸:

幼儿园里换老师貌似是个很普遍的现象,孩子们入园时哭得撕心裂肺,后来好不容易适应了,跟老师熟悉了,老师却要换了。为什么有的幼儿园换老师很频繁呢?换老师对孩子会造成什么伤害吗?

A 刘乐琼：

幼儿园里换老师确实是会发生的事情，这里面有行业特点的原因，也有幼儿园内部管理的原因。

为什么说换老师是行业特点呢？当下公办园和民办园的比例差不多是 1∶1，这意味着至少有一半的老师在民办园工作，这些老师大多没有事业编制，即使是在公办园，也有很大一批老师是"无编"老师。"无编"就意味着老师们的待遇更低，没有更好的保障，甚至有的地区，部分幼儿园还无法给老师提供五险一金。虽然如今这种状况已经好多了，但是幼儿园老师离"有吸引力的职业"还是差距不小，所以很多幼师毕业的学生不愿到幼儿园去工作。待遇低仍是导致幼师们不能安心从教的很重要原因。

至于幼儿园内部的原因，就大多属于教务管理的范畴了。

除以上原因外，幼儿园换老师一般有以下两个原因：

第一，在孩子升班时，拆班、合班会导致换老师。比如，某幼儿园小班 25 人，中班 30 人，大班 35 人，在孩子升班时，大部分班级会拆班、合班，一拆一合，老师就会换。第二，如果老师没离职，也没有涉及合班、拆班，那这时候换老师更多是幼儿园出于"谁更适合"的考虑。家长可以放心，没有哪个幼儿园是随随便便换老师的。比如有的老师常年带小班，对孩子生活能力的培养特别有经验，就会留在小班，一茬茬地带小班娃，不会跟着孩子升中班；而有的老师在幼小衔接的教学上经验丰富，那就会一直带大班，这都属于正常现象。

有的家长会问，换老师对孩子的影响大吗？其实只要不是频繁地换老师，不影响班级正常教学和生活秩序，一般没有太大的影响。而且经过一段时间的培养，孩子们的适应能力也有了长足的进步，他们也有固定玩伴了，对陌生环境的不适感就会慢慢降低，这时候如果班级里来个新的小朋友或者新老师，对于他们来说都会是"家里来客"的感觉。所以，大部分孩子都会很欢迎新老师，只要方法得当，他们也会很快和新老师建立起感情。即使是确实要拆班、合班，大多数幼儿园也会让原班的孩子分批拆合，还会让原来班级的某个老师跟着，尽量避免出现只有一个孩子"孤苦伶仃"地去别的班的情况。这些措施都会让孩子顺利地适应新环境、新老师和新伙伴。

Q 常 爸：

那么当孩子面临换老师的时候，家长可以做些什么，来帮助孩子更快地适应新环境呢？

A 刘乐琼：

家长可以从这几个方面来帮助孩子。

第一，引导孩子适应过渡期，把认识新伙伴、新老师以及适应新环境当作孩子学习的过程。

家长主动了解一下"新人"的情况，把您的"欢迎"而不是"忧虑"说给孩子；如有机会，把您的欢迎之情，也表达给新老师听，更关键的是要向新老师介绍一下自家孩子，就跟当初新入园时一样；多关注孩子的情绪，如果孩子没有太多异常，就不必太在意，如果发现孩子的情绪低落，请看下一条。

<mark>第二，当孩子很在意原来的老师时，要保护好孩子的这份美好感情。</mark>

您可以告诉孩子，新老师来了以后，他是多了一个老师，而不是少了一个老师。您还可以帮助孩子继续保持和原来老师的联系，就好比毕业后我们还和自己的导师、班主任有联络一样，让孩子时不时地给原来的老师发发语音、打个电话，有机会的话，去见见原来的老师，延续好这份师生情，这样孩子就不会因为原来的老师不在身边而感到那么沮丧。

幼儿园阶段的性教育

Q 常 爸：

随着孩子年龄的增长，他们对外界的探索范围更大了，探究欲望更强了，各种各样的问题也会多起来，比如有的家长会接到其他家长的投诉，说"小男生老是看小女生上厕所"，家长既惊讶又费解。

A 刘乐琼：

性教育是个敏感话题，甚至很多家长会谈之色变，很多成

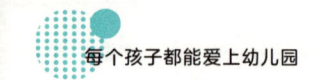

人面对孩子有关"性"的问题也会选择沉默或者敷衍,比如孩子问大人"我是从哪里来的",很多父母就说是"垃圾堆里捡来的""石头缝里蹦出来的""充话费送的""加油送的"……看起来是笑话,但同时也反映了一些家庭性教育缺失的现状。

其实孩子的性别意识在他们上幼儿园之前就已经觉醒了,大多数孩子都知道男孩和女孩是有区别的,比如男孩爱玩汽车、留短头发,女孩爱玩娃娃、留长头发,这本身也是一种"行为强化"的结果。家长给女宝宝穿裙子、梳小辫、买洋娃娃,久而久之,她对"我是女孩"的认知就建立了起来,但这时候孩子对性别的认知也大多是一种刻板印象,比如他们认为男孩一定得是短头发,女孩一定得是长头发等。

幼儿园里,老师们在性教育方面的工作确实也做得有限,甚至很多幼儿园还没有完全实现男女分厕。虽然老师们在日常生活中也会采取一些男女分组、分队的方式去开展一些活动,但大多数情况下只是为了组织活动,很少涉及性教育。国内绝大多数幼儿园也没有相关领域的课程设置。

Q 常 爸:

但是,当孩子确实表现出这方面的好奇心时,比如"小男生看小女生上厕所",这会让家长很焦虑。

A 刘乐琼:

是的,我建议家长要注意以下几点:

第一，四五岁的孩子对性与性别充满了好奇，因好奇而采取的行动以及进行的探索，就跟他们探索大自然是一样的。认识身体也是科学认知的重要领域。所以这个年龄的孩子看异性伙伴上厕所，大多是好奇心使然，而且孩子们也会对自己的身体好奇。家长不要动不动就把问题上升到"道德层面"，这个年龄的孩子还缺乏按规则来规范自我行为的自觉性，后面我们还会提到这一点。

第二，如果孩子是"被看"的一方，您可以告诉孩子，我们的身体有一些部位是隐私部位——我们游泳时被泳衣泳裤覆盖的部位，不能给别人看。如果有人这么做了，要直接表达自己的不高兴，比如大声告诉对方："不要看我上厕所，我不喜欢这样！"或者要告诉老师，等等。

第三，如果孩子是"看"的一方，那么就得明确地告诉他，这种行为不礼貌，也不可取。当孩子出现这种行为时，家长也不应该忽视或者觉得没什么大不了，当然，劈头盖脸地对孩子进行打骂责罚也是不可取的。既然孩子是好奇，家长就要因势利导，比如可以通过一些科普图书、绘本故事去给孩子讲解相关的知识，尽量在孩子能理解的程度上去帮助他们认识身体。

在认识身体的时候，家长要告诉孩子哪些部位是隐私部位，这些部位别人不能看、不能摸，别人的隐私部位我们也不能看、不能摸。

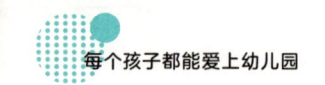

孩子把幼儿园的东西拿回家了，怎么办？

Q 常　爸：

在幼儿园，孩子有时候会把幼儿园里的玩具拿回家。家长应该怎么应对这种行为呢？

A 刘乐琼：

我们家老大是女儿，今年 8 岁，老二是儿子，今年 2 岁，我特别喜欢在一旁观察他们俩相处的模式。他们俩特别爱在一起玩儿，但没玩一会儿就会"打起来"，大多数时候都是因为弟弟发现姐姐手里有个玩具，他把自己手里的扔掉，一定要玩姐姐手里的。此时他已经明白"自己手里"和"别人手里"的玩具不一样，会感觉"别人手里的玩具更好玩儿"。他在这个年龄虽然已经明白什么是"我的"，但是在很长时间内都不理解什么是"他的"，所以他会很纳闷："为什么姐姐不愿意把她手里的玩具给我玩儿？"此时他认为"我喜欢的就是我的"，这与孩子的物权意识有关。

孩子建立物权意识需要具备以下几个要素：

第一，清楚自己对自己所有的物品拥有权利。

第二，尊重他人对他自己所有的物品拥有权利。

第三，既知道物权遭到侵犯时自己该怎么做，也知道不侵犯他人的物权。

第四，会与他人彼此分享物品。

第五，有些物品既不属于自己，也不属于他人，但是在一定条件下你可以享有权利，这些物品是"公共的"。

一般孩子到了五六岁才会慢慢明白这些要素，但其实很多成人也并没有掌握后四条的要义，因此冒犯别人或者侵占公家利益的事情时有发生。

中班孩子的物权意识正在发展中，很多孩子仍然处在"我喜欢的就是我的""我拿到的就是我的"的阶段。他们认为，我喜欢的玩具可以在幼儿园的教室里玩，可以带到操场上玩，也可以带回家玩，他们还没有完全建立起"公共物品"的概念。因此，有的孩子极有可能把自己在幼儿园里特别喜欢的玩具带回家，这与"偷"没有关系，但是也不应受到鼓励。

Q 常 爸：

如果这种事情发生了，家长应该怎么做？

A 刘乐琼：

如果家长发现了这种现象，可以先把它变成一个"借"的行为，及时跟老师说一声：孩子把玩具拿回家了，"借"一晚上，明早就还。然后给孩子讲一个送玩具回家的故事："每个孩子都有自己的家，玩具也有自己的家，这件玩具的家就是幼儿园，你晚上不回家，妈妈会担心，玩具不回幼儿园，它的妈妈也会担心。"和孩子一起约定好第二天早上把玩具送回去。最后，要告诉孩子下次该怎么做，比如，如果你喜欢幼儿园的玩具，就在幼儿园里玩，特别想把玩具带回家的时候，一定要得到老师的允许，如果老师不允许，无论如何都不能把玩具带回家。

按照瑞士心理学家让·皮亚杰的道德认知发展理论，四五岁的孩子正处于"前道德阶段"向"他律道德阶段"发展的时期。这是什么意思呢？打个比方，此时的孩子大都处于"看到面包在桌子上，想吃就去拿，不会考虑面包是谁的"的阶段。所以，家长别随便用"偷""抢"来定义他的行为，但也别对孩子"未经允许，吃别人东西"的行为视而不见。要告诉孩子，他这样做是不对的，也是不受欢迎的，我们要重新买个面包还给人家。这时的孩子也到了能根据后果来判断对错的时候了。

经常有家长问我："我家孩子不会分享怎么办？"我可以明确地告诉您，不要过早地"逼着"孩子把自己的东西分享给别人。其实大多数孩子在五六岁以后，随着与别人越来越多的合作行为的出现，他才会出现真正自愿的分享行为。当孩子还没意识到分享是一件快乐的事时，逼迫孩子去分享物品，只会让他把"分享"与"痛苦"建立联系。家长们要认识到，让孩子学会分享，得建立在孩子自己对物品拥有权利的基础上，而不是让他们感受随意被剥夺"拥有权"。

Q 常 爸：

当家长想让孩子大方地将手里的好吃的分给他人时，最好的方法是先征求孩子的意见，如果他明确拒绝，就不要强迫，更不要批评他小气，因为那是他自己的东西。而当他乐于分享时，及时赞扬他，让他意识到分享是一件让人快乐的事。

A 刘乐琼：

没错，当孩子主动和父母分享的时候，父母也要积极接纳。我们的家庭生活中经常会出现这样一幕，孩子把自己的好吃的拿给父母或者老人的时候，他们总是摇着头推脱说："不吃，不吃，你吃吧！"或者逗孩子说："能把你手里的好吃的分给爸爸吗？"而当他小心翼翼地拿了一点给爸爸送来时，爸爸却说："呀，宝宝真棒，我不吃，你自己吃吧！"这样做，其实是把孩子体会分享的快乐的机会剥夺了。久而久之，他就不再愿意分享，或者说"只愿意独享了"，因为他心里会认为，即使我分享给其他人，他们也会还给我的。遇到这种情况，大人不如大大方方地接过来，一口吞下，微笑着告诉他："你真是个好孩子，把好吃的分享给爸爸，我太高兴了！"

孩子突然开始说脏话了，怎么办？

Q 常 爸：

我们公众号后台曾经收到过一位妈妈的留言，她说，孩子

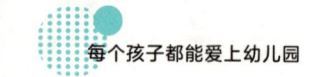

突然开始喜欢说脏话了。家里人平时都很注意自己的言行，并没有当着孩子的面说过脏话。她训斥了孩子，孩子却屡教不改。为此她还收到过其他家长和老师的告状。这件事简直太让她苦恼了。

A 刘乐琼：

其实，有些话"脏不脏"是咱们大人的认知，在孩子那里只有"好玩儿不好玩儿"，他觉得那些话能引起很多人"奇怪"的反应，是挺有意思的一件事。

有家长说："我们家里没人说脏话，孩子是从哪里学的？"其实，说脏话和说其他的话一样，都是语言学习的结果。语言学习是一个怎样的过程呢？就是反复听、反复说的过程，只不过在母语环境里，孩子们基本不需要专门训练，就能通过模仿习得语言。

随着孩子上幼儿园，他们接触的人越来越多，环境越来越复杂，孩子们习得语言的通道就越来越多元，因此脏话很有可能是从周围其他环境而来，比如从同伴口中习得。道理很简单，脏话这种对孩子来说比较陌生的语言，只要有一个小朋友觉得新奇好玩，其他小朋友也会同样觉得"有意思"。第一个小朋友的脏话是从哪里来的？那一定也是"学来的"。所以孩子说脏话，可能是模仿成人的一句无心之话，也可能是模仿其他同伴的好玩之举。

家长可能疑惑，为什么那么多好听的词孩子不学，偏偏去关注那些"不堪入耳"的词呢？我给大家讲一个我发现的有趣的事吧。

有段时间，动画片《喜羊羊与灰太狼》火遍大江南北，里面的喜羊羊总是和伙伴们智斗灰太狼，每次都把灰太狼打得落花流水、仓皇而逃。按道理，喜羊羊应该成为孩子心目中的英雄，成为孩子们模仿的对象，但是有一件事改变了我的看法。有一天，我看到几个孩子在积木区里忙活了半个多小时，终于搭出了一栋大楼、一条马路，还有一座立交桥，就在活动快结束的时候，从外面跑进来一个小男孩，不容分说地一脚把大楼踢倒，积木区里瞬间一片狼藉，其他孩子纷纷高声抗议，甚至有的孩子扑过来想推开小男孩。而此时小男孩反应迅速，马上往外跑去，一边跑还一边说了一句让我哭笑不得的话：我一定会回来的！

为什么孩子会习得"我一定会回来的"这样一句话？仔细想想，我们能回忆起喜羊羊他们说过什么让自己印象深刻的话吗？反而是灰太狼的这一句话，伴有夸张的动作、好玩的语气，孩子们记不住才怪呢！

那当家长听到孩子说了脏话时，该怎么办呢？教大家几招。

第一，最好别有太大反应。大多数时候孩子是无心说的脏话，但有时候也确实是想看看他说完以后，父母或者其他人"新奇"的反应。因此，家长故作镇静、视若无睹比较好，当他发现自讨没趣，自然就不会被大人的过激反应所"强化"。大多数时候，成人越是禁止，他越是说得欢。

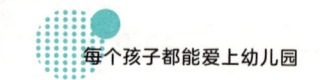

第二，在事后，家长可以通过阅读相关故事、角色扮演等方法，引导孩子说文明的话，比如有些图书是专门针对讲礼貌、不说脏话这类话题的。

第三，家长用恰当的方式提醒老师，班上可能有小朋友在说脏话，以便老师们也采取适当的方式引导孩子们。

第四，当然，这些不文明用语，有可能不来自幼儿园，您也要注意身边的亲朋好友是否成了孩子的模仿对象，或者"审查"一下孩子最近正在看的动画片，或者是正在听的睡前故事，会不会有类似的迹象，如果有，请及时调整。

我对老师有意见，该怎么办？

Q 常 爸：

老师对于幼儿园阶段孩子的成长非常重要，如果家长真的对孩子班里某位老师有意见，该找园长吗？

A 刘乐琼：

讲一个我自己的故事。我家老大出生在夏初，因为她是我们的第一个孩子，所以我们并没有什么养育经验。五月的天气，家里已经有蚊子出没了，但我们没注意，也没有采取挂蚊帐等防蚊措施，直到有一天姥姥发现孩子脸上被咬了一个大包，立马质问姥爷，姥爷又转脸批评了他闺女（我媳妇）一顿，我媳妇无处埋怨，就给了我一句："你怎么不给孩子挂蚊帐！"

围绕"孩子脸上的一个包"，您看懂人们之间的矛盾是怎么发生的了吗？过程很简单：孩子被蚊子咬了——姥姥怨姥爷——姥爷怨我媳妇——我媳妇怨我，而咬人的蚊子仍然"逍遥法外"。

其实，大多数家校之间的矛盾也是这样产生的，不仅家长会对老师产生意见，老师也会对家长产生意见，起因大都是孩子出现了问题。而这些意见很多时候就只是情绪的宣泄，于事无补。实际上，孩子的问题在双方相互埋怨的过程中并没有得到解决，反而让家长和老师之间出现了嫌隙和隔阂，丧失了良好的合作基础，而最终受影响的还是孩子。

因此，当您对老师有意见时，可以参考以下做法。

第一步，解铃还须系铃人，您对谁有意见就和谁沟通。

沟通的目的是为了了解清楚孩子问题的实际情况。比如有家长对我说：中午起床后老师给我家孩子只扎了一个马尾，而给其他小女孩梳精致的麻花辫，是不是老师偏心？而我了解到的实际情况是，早起床早穿好衣服的小女孩会早早排队让老师扎小辫，所以老师有更多时间给她们梳精致的麻花辫，而他家女儿因为每次起床穿衣服比较慢，到最后老师的时间有限，就只能给她扎一个简单的马尾了。问题搞清楚了，就好做下一步。

第二步，在了解清楚问题后，双方可以心平气和地坐下来沟通，而不是发泄情绪。既然是穿衣服慢，就商量下如何帮助孩子尽快地掌握穿衣的方法，或者采取早些叫醒孩子，给她更

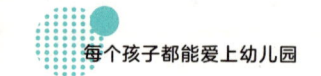

多时间穿衣等策略。

我再补充几个温馨提示：

==一是家长和老师平时多沟通，别等有问题了再沟通。==保持好与老师的沟通频次，很多情况下只要双方相互信任、沟通顺畅，"啥都不叫事儿"。

==二是别动不动就找园长。==要知道您找完园长，园长大概率还是会去找老师，问题还是会回到原点，还可能会造成您和老师之间的隔阂。如果您确实已经和老师沟通过，但还是解决不了问题，那再去找园长也未尝不可。

==三是别一有问题就想给孩子换班。==如果您的沟通模式不正确，不知道问题在哪里，换个班后大概率还是会遇到同样的问题。

牙齿还有咬着舌头的时候，家长和老师之间的默契建立起来相当不容易，但是要破坏它却易如反掌。我时常讲，老师和父母都不是那么容易当的，如果我们从知识结构来看如何养育孩子，那么我们会发现它需要涉及遗传学、优生学、护理学、营养学、卫生学、教育学、心理学、社会学、经济学等知识，试问又有几个人能做到完美？

Q 常 爸：

有一群这样的人：他们把美好寄托在孩子身上，期望他们健康、快乐、幸福；他们加班加点地工作，努力为孩子创造最好的条件；他们出差的时候会惦记回来要给孩子买个礼物，晚上会下意识地醒来给孩子盖盖被子，在外面一吃到好吃的就会想给孩子也带一份，看到儿童服装就走不动，看见玩具就琢磨要不要买给自己的孩子；他们看到孩子不好好吃饭，于是追在后面又气又急，常常担心孩子没有吃饱。同样，他们把孩子送到幼儿园里，也会担心孩子是不是哭了、饿了、困了、尿了、拉了、打了、咬了、伤了……他们是一群可爱的人——父母。

A 刘乐琼：

幼儿园里也有这样的一群人：他们一走出高等院校的大门就投身教育的最基础阶段——幼儿园教育工作。这时的他们，可能自己都还是个孩子，但看到孩子尿裤子或者拉便便了，他们会去洗好、晾干；孩子饿了，他们会准备好饭菜，自己饿着肚子也会先照顾孩子们把饭吃完；孩子困了，他们会哼着摇篮曲把孩子们哄睡。为了孩子们的健康，他们不知道要扫多少次地、擦多少遍桌子；为了孩子的教育，他们不知道要写多少教案、做多少教具；面对懵懂的孩子，同样的话他们要重复无数遍，同样的动作他们要示范上百次……他们是一群可爱的人——幼儿园的老师。

> **园长爸爸说**
>
> 没有完美的父母，也没有完美的老师，但这两群人为了一个共同的目标走到一起，那就是让孩子们健康快乐地成长，让他们的未来更美好！所以，理解万岁！

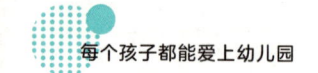

教师节快到了，要送礼物给老师吗？

Q 常爸：

教师节快要到了，家长群里开始讨论要不要给老师送礼物。别说教师节，其实逢年过节，我们家长心里都是惦记着老师的。您觉得给老师送礼物有必要吗？如果大家都送，我不送，老师会对我的孩子不好吗？

A 刘乐琼：

在这个人情社会里，我们总是觉得如果在人情上多做一些，就会得到更多的回报。在教育领域，很多人确实同样也存在这样的思想。教育部每年定期通报的"违反师德的典型案例"里，时不时会出现一些老师收礼的现象，但整体来讲，绝大多数老师都会拒绝家长送礼。

教育这个行业带有强烈的"公共事业"属性，比如义务教育阶段就强调人人都有受教育的权利，所以"公平"这个词在教育的公共属性里占有非常重要的位置。说到底，每个家长其实是希望老师公平地对待自己的孩子，而"送礼"其实是直接破坏公平的一种方式。假如您送一罐茶叶给老师，就认为老师会对孩子好一点，那么总会有人送两罐茶叶给老师，让老师对他们家孩子"好两点"。按照这种逻辑，您送一罐茶叶，孩子得到的还是"最差"的待遇。这既违背了您的初衷，还严重破坏了教育生态，费钱且不讨好。因此，每位家长和老师都要坚决抵制这种行为，坚决做到一个不送，一个不收。

Q 常　爸：

那教师节快到了，我是真心觉得老师很不容易，孩子在老师的爱护下，也成长得非常快，所以我确实特别想表达心意，那能做些什么呢？

A 刘乐琼：

教您一招：不花钱的心意就是最好的。

可以认真写一段话发短信给老师。既然您要感恩老师的付出，就描述一下孩子的进步，让老师知道您认为孩子的成长与他的付出有关。孩子的进步与您的信任才是老师成就感、幸福感的最大来源。我举个例子，短信可以这么写：

老师，教师节到了，祝您节日快乐！丁丁这一年来变化太大了，现在她的自理能力增强了，吃饭、上厕所、穿衣服都不需要我们帮忙。我们要伸手，她就说："我们老师说了，我最棒，我能自己做到！"感谢您对孩子的鼓励，让她变成了一个独立的小姑娘。她每次提起您，语气都充满了崇拜，有时候还拿您对她的要求来要求我们。从她的眼神里，我们能读出您对她的爱和她对您的爱。感谢遇到您这样有方法、有爱心的老师，祝您教师节快乐！

还可以亲手制作一个小礼物送给老师。您可以先带着孩子回忆老师和他生活中的美好过往，讲一讲他和老师在一起发生的有意思的、高兴的事情，让孩子说一说自己想对老师说的话；然后和孩子一起动手涂涂画画、剪剪贴贴，把这些有意思的事情、想说的话记在上面……一幅画、一枝手工花、一封信，等等，都可以作为教师节礼物由孩子亲手送给老师。别忘记叮嘱孩子跟老师说一句："老师，节日快乐！"这种饱含深情的互动方式，不仅会让老师感到温暖，更能滋润孩子的情感和内心。

表达感谢并不一定非得在教师节进行。如果平时您发现了孩子的生活趣事，都可以跟老师分享，就像妈妈拍孩子照片给爸爸看一样，也可以选择一些孩子有进步的信息发给老师，与老师分享喜悦、传递信任，从而表达自己的感激心意。

最后，虽然有鲜花和掌声是件令人开心的事，但即使您没说什么、没做什么，大多数老师也不会在意。因为和孩子们每天朝夕相处，陪孩子们成长就是老师们的本职工作，任何外在的形式，都替代不了职业本身带来的成就感——见证孩子成长的幸福。

要给孩子报兴趣班吗？

Q 常 爸：

关于培养孩子兴趣和特长这件事，很多家长早早就做起了规划，但也有的家长比较"佛系"，认为不着急。您觉得要报兴趣班吗？什么时候开始比较好呢？

A 刘乐琼：

这个话题挺有意思，翻遍中外教育史，我们并不能找到一个关于"兴趣班"的确切定义。但随着时代的发展，不知道是需求催生了市场，还是市场催生了需求，现在大大小小的校外素质类培训机构线上线下无所不在，主要是体育类、艺术类兴趣班居多，其他小众类的兴趣班也都有。

我分析过家长争着抢着报兴趣班的原因，大致有如下几种：

一是别人报，我也报。大家都在给孩子报班，我不报的话，孩子将来就要落后了。

二是这是大人的兴趣，而非孩子的兴趣。有一部分家长给孩子报兴趣班，纯粹是为了弥补自己小时候的遗憾，或者满足自己小时候没有达成的心愿。

三是考哪个就学哪个。中高考中哪些项目属于加分项，我就让孩子学哪些。

四是给孩子报个班学着玩，消磨下时间，说不定能培养个兴趣爱好。

上面说到的这四类，第一种是跟风型，第二种是补偿型，第三种是功利型，第四种是"佛系"型。孩子在幼儿园阶段，我劝家长还是"佛系"点比较好，为什么这么说呢？

一是幼儿园阶段孩子的兴趣并不稳定，很多兴趣只是一时兴起，甚至有可能就是一节课的时间，今天喜欢，明天就忘了。比如，您问他："你喜欢学钢琴吗？"他说："喜欢！"结果您兴致勃勃地置办了钢琴，给他报了钢琴班，请了钢琴老师，没过几天他就说"我不练了"。我曾做过一项调查，在幼儿园阶段学过钢琴，但在小学三年级以后就不再学的孩子，占到了70%~80%。

二是很多兴趣班教授的技能都需要孩子付出大量额外时间来练习，比如乐器类。这些技能要经过反复的训练，才能出效果，而这种训练对于学龄前的孩子来讲，实际上是一种近乎枯燥的"惩罚"，特别是如果孩子和家长没有共同的毅力去坚持，往往会半途而废。

所以说，如果您不希望兴趣班把孩子的兴趣培训没了的话，我还是建议家长别太功利、别太跟风，在一开始的时候可以广泛培养，让孩子多接触接触不同的项目，目的是发现孩子的爱好或者优势；别什么都想让孩子学，孩子的精力是有限的，一旦选定范围，就要持续投入时间，并且需要家长"陪练""陪学"。如果您坚持不了，就不要照着"特长"的思路去培养孩子，只要让孩子了解、熟悉、喜欢，当一种爱好就够了。

如果您要给孩子选艺术类培训，就得好好甄别老师的素质和教学水平。比如到很多美术培训机构去考察，您会发现孩子们竟然用同样的步骤在"创作"，作品也大致一样，甚至很多作品会让您会产生错觉：这是我家孩子的作品吗？这么好？为了追求"好"，老师替孩子把作品美化了很多，这是当下很多艺术类培训机构的做法，这并不是在培养孩子的审美能力和创造美的能力，顶多算个手工课，这种兴趣班不上也罢。

怎样陪孩子过周末？

Q 常 爸：

很多父母平时工作都挺忙的，陪孩子的时间不多，好不容易有个周末，想好好陪下孩子，应该怎样跟孩子过周末呢？

A 刘乐琼：

节假日时，我经常会在公园或者其他户外场所发现一些奇特的现象，很多家庭在河边、草地上扎了帐篷，三五成堆。孩子的父母和他们的朋友们聚在一起，一人捧着一个手机，再看看孩子和他的朋友们，也是一人捧着一个平板电脑。这种陪伴连最起码的"在一起"都算不上，就与同一个时空里的"陌生人"差不多。

其实，陪孩子很简单，您和孩子一起做一些事情就好。意思就是"他做，你也做"，而不是"他做，你看着"或者"他做他的，与你无关"，我建议家长在周末多陪孩子做以下的事情：

第一，多观察、询问孩子想干什么，参加一下他发起的活动。家是最好的陪伴场所，家里的活动可以随时发生，而且成本低廉、时间灵活，就算窝在沙发里和孩子共同读一本有意思的书，也是个不错的选择。

第二，多带孩子去见见世面。读万卷书，行万里路，城市里有数不清的教育资源，博物馆、科技馆、图书馆……和孩子一起做个计划、列个清单，一起逛一逛，一定能长不少见识。记住不要老去游乐场，那里只有娱乐。

第三，多去户外转转。大自然中有最好的审美教育和科学教育。

第四，多运动。和孩子一起骑骑自行车、跳跳绳、徒步远足，这些培养的不仅仅是孩子的运动技能，还有意志品质。

当然，陪伴孩子并不意味着父母完全放弃自己的空间和娱乐消遣，一切以孩子为中心也不是可取的做法。父母尽力而为就好，不要为了陪伴孩子而把自己搞得身心疲惫，这样的状态也并不可持续。

中班的时候，
幼儿园主要培养孩子的什么能力？

Q 常 爸：

刘园长，请您再给家长们总结一下，中班阶段，幼儿园主要培养孩子的哪些能力呢？

A 刘乐琼：

中班的孩子并不省心，他们正处于探索各类行为的高发期，父母在家里要多关注、多引导，老师在幼儿园里也同样会为孩子的发展做大量的工作。孩子们也会在以下几个领域取得突飞猛进的发展。

第一，在适应能力上，孩子能较快适应环境的变化。比如新老师来了，孩子能较快与之熟悉；在情绪的调节上，孩子遇到不开心的事时，虽然也会哭闹，但是能在成人的提醒下，很快地平静下来；自我管理的能力也越来越强，有什么苦恼也愿意跟亲近的人讲一讲。

第二，在动作发展上，走、跑、跳、钻、爬不在话下，上下楼梯不费劲，下肢的耐力和力量明显增加，单脚跳能跳很远的距离，一口气可以走 1.5 千米了；小手更灵活了，能使用筷子进食；折纸游戏时，已经能将纸对齐边缘折叠了。在生活习惯上，除了饮食、睡眠等方面，大多数幼儿园都会教孩子掌握正确的刷牙方法,让孩子的自理能力得到提升。

第三,在语言发展上,到了中班末期,大部分孩子都能复述出自己听过或者看过的故事,复述的时候还会加入自己的很多理解和想象,像故事的时间、地点、人物、经过等这些要素,虽然有时候讲述得不太完整,但在追问下,他们都能表达出来;他们能根据大人的语气判断您的情绪,也会试着控制自己的语调、声音,以应对不同的场合。此时的他们已经不会再倒拿图书煞有介事地看书了,书已经成为他们的好伙伴。他们对一些符号开始感兴趣,比如开始喜欢记车标、交通指示标志等;还能用图画来表达自己的意思,甚至能编出一个完整的故事。

第四,在社会交往上,虽然孩子们之间的冲突依旧非常多,但这时候正是教他们学会分享、等待、谦让的好时机。很多规则开始对他们发挥作用,他们开始相互监督对方是不是在遵守规则,一旦发现有人破坏规则,就会去向老师"告状";在玩游戏的过程中,他们开始有自己的想法了,还敢于挑战游戏的难度;他们已经有集体归属感了,知道自己是中国人,能记住自己的家乡是哪里。

第五,在科学探索上,动手探索已经变成他们的一种常规行为,因此他们会有更多"破坏性"行为,比如把东西弄脏、弄乱、弄坏;他们能根据自己的观察,推断出一些"原始"的科学原理,比如看到木头浮在水面上,就推断出大部分木头都能浮在水面上;他们在老师的引导下,能开展简单的日常调查实践活动,比如能调查幼儿园里有多少棵树等,他们还能用简单的图画或者自创的简单符号记录自己的调查结果。

第六,在数学能力上,此时他们也有很大的进步。他们对数量的多少比较敏感,能比较两盘苹果哪盘多哪盘少;加与减的初步逻辑已经建立,通过数实物的方法,他们可以知道 5 比 4 多 1,3 个和 2 个合起来是 5 个;购物的时候可以给他们钱币,他们能初步参与计算和付款的过程。不仅如此,他们还能按照顺序排队了,能准确地通过排序找到自己的座位,生活中常见的图形也都能认识了。

第七,在艺术领域上,他们已经能听出一首歌曲是什么感情基调,能够感受到是欢快还是悲伤,您还会发现他们能完整地唱出自己熟悉的歌曲;有时候他们会用音乐表达自己的心情,还能边唱边打节奏;他们能把自己看到的或者想象的事物画出来或者用材料做出来,虽然有些作品很"拙",但只要您鼓励他们,他们都会非常乐意用"手作"的方式表达自我。

您看,中班的孩子是不是很棒?

本章小结

◆ 面对幼儿园老师布置的任务,有时间就多做,没时间就少做,要做就要让孩子自己多做。

◆ 四五岁的孩子对性与性别充满了好奇,因好奇而采取的行动以及进行的探索,就跟他们探索大自然是一样的,家长不要动不动就把问题上升到"道德层面"。

◆ 中班孩子的物权意识正在发展中,有可能把幼儿园里的玩具带回家,这与"偷"没有关系,但是也不应该受到鼓励。

第 9 章
"学而时习之，大班开始也？"：大班

幼儿园和其他学段一样，"教"与"学"永远是教育的核心主题，幼儿园不是游乐场，它是有目的、有计划地组织、实施教育教学活动的专门机构。

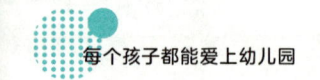

幼儿园就是光玩儿不学？

Q 常爸：

很多家长对幼儿园的印象就是"玩儿"，尤其是公办园，传说中是什么也不教，这是真的吗？

A 刘乐琼：

哈哈，那可能是我们这帮幼儿园老师没表达清楚，我们在行业内大讲特讲幼儿园的教学是"玩中学""以游戏为基本活动"，当我们把这些说给家长听时，家长们就急了——啥？玩儿？这能学出个什么来？久而久之，在家长心里，幼儿园（特别是公办幼儿园）就变成了"光玩不教，傻玩不学"的代名词。当大班的孩子面临着毕业，即将要上小学时，很多家长就开始心急如焚——幼儿园不教，咱得另谋出路啊。

其实这是个误会。我们所说的"玩""游戏"和家长理解的不大一样。幼儿园和其他学段一样，"教"与"学"永远是教育的核心主题，幼儿园不是游乐场，它是有目的、有计划地组织、实施教育教学活动的专门机构。

Q 常 爸：

请刘园长给我们揭秘一下幼儿园的"教"与"学"吧。

A 刘乐琼：

幼儿园老师同样也要制订教学计划。这些计划包括学期计划、月计划、周计划和日计划，您可以理解为教案，下表是某大班老师一周的教学计划。

周教学计划

班级：大班

本周重点	1.开展值日生工作，鼓励幼儿做事认真，有始有终，形成初步的责任感与班级服务意识。 2.开展早入园打卡、梳小辫比赛等活动，增强幼儿自我服务意识。 3.开展"我要上小学"的相关主题教育活动。 4.根据园内的反恐防暴演习活动，进行相关的教育活动。	
生活活动	目标： 1.讨论值日生的工作内容，引导幼儿能够承担值日生的责任，并积极完成值日工作。 2.能够自己做好生活、户外、值日等活动的计划和总结。 3.进餐环节能够安静进餐，熟悉取放餐具的方法，养成餐后整理的习惯。 4.尝试整理自己的衣帽柜，发现问题并想办法解决。 策略： 1.集体讨论值日生的工作内容、整理衣帽柜的步骤、计划和总结等内容，引导幼儿思考怎么分工值日和整理衣帽柜。 2.利用同伴、值日生、墙饰的作用，引导幼儿学习衣帽柜的整理，培养幼儿安静进餐和餐后整理的习惯。	
区域活动	益智区 目标： 在多次操作中，提高幼儿对图形的认知和空间方位的感知以及逻辑分析的能力。 策略： 1.为幼儿提供俄罗斯方块的说明书，鼓励幼儿根据说明书上的步骤图了解游戏玩法。 2.了解幼儿现有的空间思维能力和观察能力。	"棋"乐无穷 目标： 1.了解玩象棋的规则。 2.体验玩象棋带来的乐趣。 策略： 1.播放下象棋的视频。 2.教师参与到幼儿的下棋活动中，为幼儿讲解象棋的玩法。

（接上表）

区域活动	建筑区 目标： 用围拢搭高的方式搭建"城堡"。 策略： 主动参与到幼儿游戏中，鼓励幼儿思考城堡里有什么，让他们进行小组讨论，设计图纸进行搭建。	科学区 目标： 了解污水净化的过程，掌握多层过滤的方法。 策略： 与幼儿一起观察污水在每层过滤后的变化。
	自然区 目标： 1.初步了解蟋蟀的生活习性，并根据蟋蟀的生物特点准备相应的食物、环境等。 2.引导幼儿热爱动物，愿意饲养小动物。 策略： 1.准备关于蟋蟀习性的图书，方便幼儿学习。 2.提供谷类、水壶等工具，方便幼儿操作。	表演区 目标： 能够与同伴根据音乐进行角色扮演。 策略： 1.提供音乐《水族馆》，准备"宝物"等道具。 2.加入幼儿游戏，指导幼儿发挥想象。
	生活区 目标： 能用彩绳进行手串的编织。 策略： 1.教师提供图谱、装饰材料供幼儿学习和制作。 2.教师指导幼儿学习彩绳的不同编织方法。	语言区 目标： 1.愿意复述自己感兴趣的故事，用自己喜欢的方式表演出来。 2.大胆地在集体面前表现自己。 策略： 在家给爸爸妈妈讲述故事，练习表演故事。

		上午	下午
教育活动	周一	活动名称："帮助别人消解冲突" 目标： 提高幼儿帮助别人化解冲突的能力。	活动名称：安全活动"反恐防暴" 目标： 1.遇到突发事件时，幼儿能镇定并选择安全地带逃离。 2.幼儿熟悉安全撤离路径，提高自我保护能力，增强安全意识。
	周二	活动名称：主题活动"关于小学，我想了解"	活动名称：主题活动"分组制订计划"

(接上表)

教育活动	周二	目标： 1.幼儿能根据自己的兴趣用记录的方式表达自己关于小学想了解的内容。 2.幼儿根据自己的兴趣选择小组，并且制订小组的计划。	目标： 1.根据幼儿的兴趣进行小组划分，确定小组内容及组名。 2.各小组制订相应的小组计划。
	周三	活动名称：美术活动"青花瓷" 目标： 1.欣赏青花瓷器的花纹和图案，感受白底青花的古朴简约美及独特的纹样美。 2.了解青花瓷盘纹样排列的特点，尝试用自己喜欢的纹样装饰纸盘。	活动名称：音乐活动"打字机" 目标： 1.感受音乐中快速敲打打字机时的节奏感，体验乐曲所表现的忙碌而快乐的工作情景。 2.初步了解乐曲结构，能准确判断干脆、利落的装饰音"唰"，体验音乐的趣味性。 3.能安静倾听音乐和教学要求，小组协作进行游戏。
	周四	活动名称：主题活动"关于小学，我还想知道" 目标： 1.让幼儿大胆表达自己的想法，并且用不同的符号进行记录。 2.鼓励幼儿分享自己的想法，并且倾听他人的分享。	活动名称：主题活动"设计调查表" 目标： 1.根据小组成员的兴趣确定想了解的问题。 2.根据确定好的问题设计各组相应的调查表。
	周五	活动名称：数学活动"看图标行走" 目标： 1.能理解四个方向箭头所表示的意义。 2.尝试根据路线图中箭头所指的行走方向，画出从起点到终点正确的行走路线。 3.积极参与活动讨论，清楚地表达自己的想法。	活动名称：科学活动"弹性" 目标： 在探索操作中，感知物体的弹性，了解物体弹性的用途，获取有关弹性的科学经验。

从上面这张表里可以看出，对于大班孩子，生活能力的培养仍然是教育内容的重点，只不过这个阶段更加注重的是孩子们自己能照顾自己的同时，也能为他人做些事情。另外，还可以看出，老师们设计了专门的教学活动，这些活动涉及"健康、

语言、社会、科学、艺术"各个领域,也就是我们常说的五大领域。这些教学活动都有明确的教育目标和教育内容,而且目标是从小班到大班不断进阶的,类似于小学阶段语文等学科按年级的不断进阶。

同时,这些大班的孩子们开始学习做"项目",这是一种综合实践活动,孩子们围绕着一个主题开展调查研究,得出结论,分享经验。这既能让他们获得新的认知,也能锻炼他们的规划、合作、沟通等能力。

在区域游戏活动中,孩子们自选玩具进行操作,从而获得游戏经验,提高自己动手动脑能力。有家长说,玩玩具能有什么价值?此言差矣,幼儿园的玩具可是经过精心挑选,富有教育意义的。举个例子,有款益智类玩具叫"小猴天平",它既是一个平衡玩具,也是一个数学玩具。把10根香蕉挂在天平左边,右边就得配4根香蕉加6根香蕉,这样天平才能平衡。孩子就是在这种动手操作和体验的过程中慢慢掌握10的分合。与其说是"玩玩具",不如说是"玩教具",这就是"玩中学"。

大班的孩子来到这个世界不过短短五六年,他们还没有完全认识这个世界里各种奇奇怪怪的符号。很多抽象的词汇对他们来讲意义不大,他们对具体形象的事物更感兴趣。比如,书本里的"桌子"俩字不如客厅里摆着的桌子更形象。再比如,成人以为大班的孩子会关注"牙齿的结构是怎样的",其实他们更关心"为什么小姨的牙齿上有个豁口""掉牙疼不疼"。

孩子们都是最"实际"的人,他们对当前看到的、摸到的、正在经历的事物更感兴趣。"假如"这个词对他们来说还无法完全理解，而"看到的、摸到的、正在经历的"却可以成为生动的课堂。在课堂上空讲 1+1=2，还不如让孩子到户外捡落花，数数谁捡得多，这就是数学在幼儿园教育中的表现形式。亲自去"捡"和"数"，就是我们幼教人所说的"玩"和"游戏"，说到底就是让孩子们通过直接感知、实际操作和亲身体验去学习。

> **园长爸爸说**
>
> 说了这么多，今后谁要再说幼儿园光玩儿不教，我跟谁急！

幼儿园阶段，老师会教认字和拼音吗？

Q 常 爸：

幼儿园阶段，老师会教写字和拼音吗？

A 刘乐琼：

很多幼儿园园长和老师说："我们可不教写字和拼音，那是小学化的东西！"我就大大方方地说："我们教！"家长们有这个教育需求，我们为什么偏偏要拧着来呢？我就不拧着，我要让老师们好好"教"。

那么幼儿园该怎么教呢？

很多孩子到了大班后，自然开始对汉字感兴趣。他们通过阅读就能认识很多字，可以说是无师自通，因此，早早培养孩子的阅读习惯是件非常有价值的事。孩子们一天到晚和汉字打交道，时间长了，自然也就能读出汉字的发音了。下面，我重点说说书写。

写字需要用到铅笔、橡皮和本子等工具。据我所知，小学一年级的孩子们在使用这些工具时，遇到的最大的困难是无法控制手部力道，要么太用力戳破了本子，要么力度太轻，写字歪七扭八。使用橡皮也不熟练，一不小心就会把纸张擦破。很大部分原因就是，很多孩子在上小学之前，根本没用过铅笔、橡皮。他们在幼儿园里使用最多的是水彩笔和油画棒，这两种笔都特别容易驾驭。而铅笔不同，使用时要用合适的力度，否则是留不下痕迹的，况且书写汉字和拼音都是要写短线条，所以我们需要给孩子提供充足的机会——使用铅笔和橡皮，练习书写短线的机会。比如，让孩子画线描画（要求孩子在一定的范围内，用短线进行填充和涂鸦）就是很好的方法。这和他们在田字格、四线三格里书写有异曲同工之妙。除此之外，有很多精细动作游戏也能训练孩子的手部灵活度，比如绑皮筋游戏，如果孩子没有耐心和细心，是很难完成的。而且，我认为写字和数学学习有千丝万缕的联系。

Q 常 爸:

您能具体展开讲讲吗?

A 刘乐琼:

田字格和四线三格就是孩子练习数学空间感的工具,因为从哪个地方起笔,到哪个地方落笔,考验的都是孩子的空间感知能力。

田字格其实就是一个"四面八方"图。

在四线三格里写拼音,对孩子空间认知能力的挑战特别大。以声母 j 的书写为例,j 上面的点在第一格的中下部,而 j 的起笔定在第二条线上,落笔在第三格的中上部。

还有 p、b、d、q 这几个声母的字形,孩子们也并非能轻而易举分辨清楚。

并且,写字和写拼音不仅仅对孩子们辨别空间方位的能力有挑战,它还会考察孩子辨别整体与部分、弄清笔画顺序等能力。比如一撇一捺组成"人"字,再比如 j 的第一笔不是点而是 J。很多孩子只会"画"字的原因就是他只知道模仿整体,而不

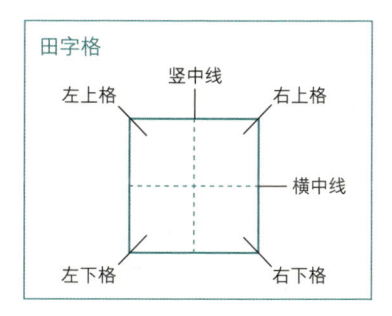

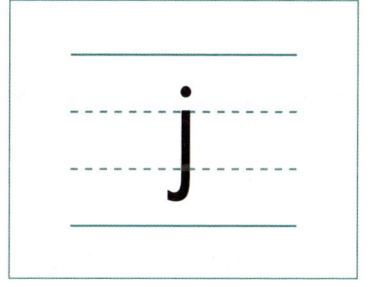

知道字有笔画和结构之分。所以,要学习写拼音和写字,老师要先带着孩子们学习什么是方位,特别是要教孩子分清上下左右,所以大班的老师会让孩子们玩视力大考验、找不同等游戏,以此来培养孩子们细致观察、辨别空间方位等能力。除此之外,也会带孩子们玩拼图、组装汽车等游戏,让孩子学会用部分凑出整体。通过这些游戏,孩子们能逐渐习得与书写有关的能力。

最后说说"读"。孩子要将字读出来,首先得会辨认,然后才能发声,也就是要知道符号与声音之间的联系,比如见到 a 就能读出"啊"的声音。发音的难点在于如何辨别读音相近的字,也就是同音字,这需要孩子有听辨能力。另外,拼读"p-ú",读出"葡",这也是有一定的难度的,它需要听觉发音混合的能力。因此,幼儿园里教孩子练习那么多儿歌、绕口令,当然不是简单地为了玩儿,这都是在为孩子"读"的能力奠定基础。

总之,在幼儿园里引导孩子认识空间关系,学会如何正确用笔,培养他们的记忆力、观察力等,这都是在为他们以后的书写和认读做好准备,剩下的就是上小学以后的事儿了。

数学学习就是简单地学"1+1=2"吗?

Q 常 爸:

咱们来说说数学的学习吧。很多家长认为数学学习就是简单地学"1+1=2",实际上这种认识有些狭隘。幼儿园是怎样带孩子进行数学启蒙的呢?

A 刘乐琼:

我们先来看看小学一年级《数学》上册课本(人教版)的大致内容。它的目录告诉我们一年级数学学习分为这几个部分:

1 准备课
2 位置
3 5以内数的认识和加减法
4 认识图形(一)
5 6~10的认识和加减法
6 11~20各数的认识
7 认识钟表
8 20以内的进位加法
9 总复习

一年级上学期的数学学习不只是学习简单的加减法,它包括了数数、比较数的大小、20以内的加法、10以内的减法,以及空间关系、图形、时间等。

您可能还会问:幼儿园会学这些吗?其实就跟语文一样,幼儿园同样也会做大量的数学认知准备,通过多种形式引导孩子对周围生活环境中的数、量、形、时间和空间等产生兴趣,建构初步的数学概念，并学习用简单的数学方法解决生活和游戏中的一些实际问题。

以数量为例，小班孩子开始学习点数（即用手指点一个数一个），大班的孩子已经能理解数的分解与组成（5块饼干，一个小朋友得2块，另一个小朋友得3块）。像统计这样稍复杂的问题，孩子也完全可以在生活中掌握。另外，基本的方位、平面图形、空间关系、立体图形、整点与半点等常识在幼儿园的生活和游戏中都会有所涉及。

再从数学的学习方法来讲，很多家长认为不做大量书面作业、不考几张卷子，就等于没学。但对于幼儿园的孩子来讲，纯粹的量、形、空间等数学概念太难，书面作业更是如同天书。生活中的数学学习更有价值，比如，拍球时一边拍一边数，数出自己能连续拍多少个，比一比谁拍得多；比一比谁更高，按照高矮排队……这都会帮助孩子真正理解"数量、大小、排序"等概念。

另外，幼儿园的老师们也会设计很多有意思的游戏来帮助孩子理解数学背后真正的意义。比如，通过玩保龄球的游戏来帮助孩子学习"数的分解与组成"，玩法是这样的：

在两米开外的地方，摆上10个灌满各种颜色的水的矿泉水瓶，每个小朋友取一个篮球，一一模仿打保龄球的方式滚出篮球。然后记下每次打倒了几个瓶子，还剩几个瓶子，循环往复多次，孩子们就会发现，原来10可以分成5和5、6和4、7和3、8和2、

9和1，而一个也没打倒就是0。

家长在家也可以带孩子玩这样的游戏，它可比写"1+1=2"有意思多了。

孩子老看手机怎么办？

Q 常 爸：

家长每天工作、生活都需要用到手机，孩子们也有样学样地对手机充满了好奇，一有机会就缠着父母要玩手机。孩子一玩起手机，就像进入了另外的世界，家长对孩子有种失控的感觉。

A 刘乐琼：

与家长接触得久了，我也经常会被类似的问题问得哑口无言、哭笑不得，比如下面的场景。

家长：我家孩子怎么一直玩手机呢？
我：不给不行吗？
家长：不行，闹啊！
我：为什么？

家长：要玩游戏啊。

我：什么游戏啊？

家长：我下载来自己玩的。

我：那为什么你能玩，孩子不能玩？

家长：孩子还小啊。

我：那他为什么会知道这个游戏？

家长：有一次我忙，就把手机给他玩了，从那开始他就老要玩手机了。

我：那你说怎么办呢？

家长：不知道啊，这不是找您取经来了吗？

我：……

手机、平板要是用来娱乐的话，谁都会上瘾，更别说孩子了。我们只要在地铁上仔细观察一下周边的人，就能发现电子产品的魔力有多大了，每个人面前都有一个电子屏幕，它让我们的眼睛、耳朵、大脑深陷其中。

在幼儿园里，我发现其实很多孩子在家都会用手机，他们对短视频有极大的兴趣，甚至会给我分享刷短视频带来的快乐，有的孩子会这样跟我讲："园长叔叔，你知道吗？我妈妈手机上有一个'抖音'，可好玩了，看完了我都哈哈大笑。"您看，短视频在很多孩子心中种下了"快乐"的种子。

其实，在幼儿园，老师有时也会让孩子们使用手机或平板电脑，但会特别注意引导正确使用这些工具。

第一，幼儿园里老师会让孩子们用手机或者平板电脑来拍照。在幼儿园开设的"照相馆"里，小摄影师们用手机、相机或者平板电脑给小朋友拍照，拍完照后，他们都能熟练地使用打印机把"客人"的照片打出来。这些操作甚至连小班的孩子也能熟练掌握。他们还会变身调查员、小记者，拿着手机或平板电脑记录同伴们的学习、研究过程，把他们认为有意思的人、事和景记录下来。比如，春天到了，孩子们会拿起手机去记录幼儿园里各式各样的花，用相机去发现大自然的美。又比如，院子里种了土豆，它是怎么发芽的呢？让孩子每隔几天就去拍几张照片，把手机当作科学探索的工具。

第二，让孩子们有选择地使用手机或者平板电脑里的一些小程序。通过这些小程序，幼儿园大班的孩子就能试着用简易的动画程序自己做动画了，自己一帧一帧地画、剪、摆，再为动画配音；他们还会使用修图软件给自己拍的照片修图；他们还可以用录音功能录制自己讲述的故事，并把故事分享给其他小朋友们听……这些是不是比看短视频更有意思？

第三，其实幼儿园不仅仅提供平板电脑、手机这样的电子产品，还有各类其他的智能电子产品，如智能音箱，主要用于给孩子搜集海量的音乐、故事等音频资源；电子手写板，供孩子写写画画，它不仅能无限次擦除，还能让孩子体验电脑作画和纸张作画不一样的手法和质感；电子体重计，供孩子随时量量自己的体重，这既是数学学习也是健康教育；风向、风力、温度、湿度智能检测设备，供孩子观察天气状况，了解气象知识；

智能机器人，让孩子体验和机器人互动的过程……

Q 常　爸：

所以，孩子是能使用电子设备的，关键是我们怎么去引导他们使用。所有设备都是工具，孩子要学会的是使用工具，而不是被工具所奴役。如果把电子设备当工具使用，它们可以延长孩子们的手，扩展孩子们的视野，拓展孩子们的思维，让孩子们的世界丰富起来。

A 刘乐琼：

是的。既然是工具，就让它们只作为工具就好，而不是变成孩子们的娱乐设备。孩子们的娱乐和游戏项目最好是能亲身体验、直接感受、动手操作的活动，而不是电子游戏，更不是那些内容未经任何筛选的没有营养的短视频。另外，还有两点希望家长们注意：

第一，如果您不想让孩子用手机或平板电脑，最好的方法就是不提供也不示范，千万别用"你还小，所以不能玩"这样荒唐的理由作为"父母能玩，而孩子不能玩"的借口。

第二，这么小的孩子是不能做网民的，不是因为他学不会上网，而是网络上的"花花世界"充斥着形形色色、鱼龙混杂的信息。对孩子们来讲，这些信息既充满诱惑又难以理解。如果真的需要从网上查阅资料，请您陪同他来查找。

我家有个"爱哭鬼",怎么办?

Q 常 爸:

俗话说,龙生九子,各有不同。孩子们的气质、性格天生不同,所以行为模式也是千姿百态,有的孩子确实一遇到事儿就哭,有的孩子经历再大的事儿也不慌不忙、不紧不慢。家有"爱哭鬼"的家长很是羡慕家有"淡定娃"的家长。对于那些遇到困难就哭鼻子的孩子,家长该怎么办呢?

A 刘乐琼:

我在幼儿园经常会听到家长的各种担忧,有的家长说"我们家孩子话太少,能不能让他多说点话",有的家长说"我们家孩子一天到晚上蹿下跳的,话又多,跟话痨一样,能不能让他规矩点、老实点、话少点"。很多人都希望孩子变成一个自己理想中近乎完美的人——孩子内向的想让他外向,外向的又想让他安静点;孩子话少的想让他话多点,话多的又想让他话少点。

很多时候这种做法是徒劳的,因为孩子的气质是相对稳定的,这与遗传有关,它的形成既有生理基础,也有心理基础。父母与一个拥有独特气质、个性的孩子相遇是缘分。我们要接纳孩子的与众不同,这才使我们的世界丰富多彩。如果我们人人都一样,那这个世界要么极其单调,要么极其狂乱。

所以,当自家孩子遇到困难就爱哭的话,您首先要"认账",接纳他的敏感、胆怯和脆弱。当然,这并不是说孩子们不需要后天的培养，只是提醒您别把孩子的"问题"和"错误"当作"病"来"治"，接纳孩子才是改变的基础。

如果找找"爱哭鬼"的反义词，我们可以把家长的问题转换成：如何培养一个坚强的孩子、勇敢的孩子、坚韧的孩子、有毅力的孩子、会坚持的孩子、不怕困难的孩子、勇于挑战的孩子……

比如一个 2 岁左右的孩子，如果他能自己控制小手把 4~5 块积木搭在一起，那就是很不错的本领了；如果能独立完成更难的挑战，他甚至会喜不自禁地为自己鼓掌。但如果爸爸妈妈们陪着孩子搭积木，当他们看到孩子刚搭了两块就倒了的场景时，大致会有以下几类做法。

第一类：打击型，"呀，这都不会"。

第二类：包办型，"没关系，没关系，我来帮你"，伸手就替孩子摞上。

第三类：鼓励型，"没关系，你再试试"。

您猜哪种家长会培养出不怕困难的孩子？大多数时候，家长不说话或者什么都不做，都比第一、二类家长的做法强百倍。如果一个小不点儿，能做到积木倒下了就搭上去，再倒了就再搭上去，这代表了什么？——他拥有越挫越勇的品质，不怕失败的品质。

==家长如何看待孩子遇到的挫折，很大程度上会影响孩子如何看待自己今后遇到的各类困难。==我经常发现有的小朋友在班级里，作品出现一点瑕疵就大发雷霆，这并不代表孩子"强大"，声势的浩大往往代表了内心的脆弱，他已经开始害怕失败和不足出现了；还有的孩子一遇到困难就干等着，眼巴巴盼着老师来解决；再不然就是大哭，嘴里喊着：我不会，我做不到，我不行。

我再强调一下，孩子的行为的确与气质有关，但确实也与后天的培养有关系。很多家长怕孩子受挫，怕孩子遇到困难或受伤害，过度干涉孩子的行动，比如，嫌他画圆画得不好，大笔一挥替他画个圈；怕他搭积木搭不高，替他搭高，嘴里还嚷嚷着"你看，多简单"。"包办"和"贬低"都会让孩子变得乖戾。

每个人的成长路径虽然不一样，但都会遇到困难，==我们想要孩子学会勤奋、坚持、努力的唯一方法，就是让他们体会到勤奋、坚持、努力会带来希望。==

给大家讲一个我女儿的故事。

女儿刚上小学后的第二个月，有一天放学，她情绪不太好，我开着车，她坐在车的后排，我突然感觉她在哭，于是透过后视镜看看，她果然在默默流眼泪。我问她："丁丁，你怎么了？"她抹了抹眼泪，不想让我发现她哭了，后来她一路沉默不语，我也没好追问。女儿是一个偏内向的小孩，她情感细腻、隐忍，会生闷气。下车后，她走到楼门口时，突然拉着我的衣角，终于忍不住小声说："爸爸，我是我们班最笨的女孩儿。"同时，她的眼泪一直在眼睛里打转。我听完后很是吃惊，把她搂到怀里，摸着她的头说："你在爸爸妈妈眼里是最棒的女孩儿。"安抚了她的情绪后，晚上睡觉前，我试着问她今天在学校里发生了什么，这才知道，原来女儿班里举行了跳绳比赛，她是唯一一个还不会连续跳的女孩儿，她把原因归结为她"笨"。我对她说："丁丁，你知道吗，我有一个办法，让你变得不笨。"她眼睛里放着光问我："什么办法？"我说："这个办法叫作'100个'。"

从那天起，每天放学，我都带着女儿到家附近的小公园里练习跳100个跳绳，不论她怎么跳都成，只要能数到100个就行。两天过去了，她能连续跳3个了。到了某个周日的傍晚，她一出楼门就迫不及待地要跳绳，居然一口气连跳了10个。她兴奋地大喊："爸爸，我能连跳10个啦！我能连跳10个啦！"

丁丁如今是二年级的小学生了，她现在连跳的最高纪录已经破140个了，甚至还学会了"花样跳绳"。

园长爸爸说

告诉大家一个秘密：丁丁的爸爸，也就是我，根本就不会跳绳，一个都不会。

孩子就要上小学了，
可做事总是拖拖拉拉，怎么办？

Q 常爸：

很多孩子平时做事情总是拖拖拉拉的，让他干点什么太费劲了，而且拖拉这种现象很可能会延续到小学。到时候，本来 10 分钟能写完的作业，孩子能耗上一个多小时，不推不动。在幼儿园阶段，有没有什么方法能让孩子建立起时间观念和任务意识？

A 刘乐琼：

如果是孩子想做的事情，他们一般不会拖拉。所以要想解决这个问题，得从孩子做事的动机入手。

要让孩子们认识到他们有自己的生活，有自己的任务，也有自己的娱乐，更有能自由支配的时间。

在我们幼儿园大班里，每天早上我们会让孩子制订自己的当日计划，类似于下图：

这张图如果您不采访一下计划的制订者,可能看得一头雾水,根本不知道是什么意思。我采访完画这幅画的小男孩才知道,原来在12月11日早上,他规划了当天他在幼儿园想干的四件大事,并按照从左到右,从上到下的顺序一一解释:

左上图是他要去美工区完成昨天他没有做完的作品;右上图是他今天要多喝些水,因为他昨天喝水少,嗓子有些干;左下图是室外活动时,他要去玩他最爱的树屋,树屋底下有个山洞,他特别喜欢那里;右下图是他今天要去照顾一下他从家里带来的一盆植物,他已经有三天没给植物浇水了,今天该浇水了。

幼儿园是怎么培养孩子的任务意识和计划能力的呢?

第一,让他知道有些事情是必须要做的,比如保持健康,包括每天到幼儿园都得喝足量的水、好好吃饭、按时睡觉,等等。还要告诉孩子有些时间他可以做主,自己规划做哪些事以及做事的顺序等。像是幼儿园里每天的区域游戏活动时间,孩子们就可以自己决定玩哪些游戏,比如上面案例中的小男孩就决定自己在区域游戏时间去美工区,完成自己昨天未完成的作品。这么做可以提前让孩子模拟入小学后的情景,知道上学是自己必须要做的事,而回家后的时间是属于自己的自由时间。在指导孩子们制订计划时,老师们还对任务的具体化、可行性、连续性有要求。比如喝水这件事情,小男孩就根据昨天的情况,计划自己今天喝水要多一些。

第二，在固定时间做计划。我们是在每天早上让孩子们自己规划自己的任务。计划活动可是很正式的。在小班阶段，老师们一大早带着孩子们围坐在一起，用谈话的方式分享老师今天想做的事情，也请小朋友说说自己今天想做的事情。到了大班阶段，在早上的计划时间里，孩子们拿出自己的"计划本"，认真写写画画，就跟上面的小男孩一样。

第三，您发现小男孩计划上的"√"和小红花印章了吗？那是他每天的"复盘"，打钩表示这项任务已经完成，而小红花印章表示他对这两项任务完成的结果很满意。是不是有种自己完成了 KPI 的感觉？

Q 常 爸：

所以在家里，家长们也可以参考以上做法，有目的地去培养孩子的任务意识和计划能力。

A 刘乐琼：

是的。我再温馨提示以下几点：

第一，对孩子的任务意识和计划能力的培养需要一个长期的过程，不可能一蹴而就。在幼儿园我们用三年的时间逐渐推进，才能让孩子们达到上面案例中那个小男孩的程度，所以坚持很重要。

第二，您要和孩子一起确定哪些是他必须要做的，但不要替孩子做主安排好所有的事情，那样孩子就失去"他自己"了。谁都不甘心做"木偶",孩子也一样,所以孩子自己的兴趣、娱乐、爱好都要留出空间让他自己安排。比如,我就和我女儿商定,回家后完成学校布置的作业、吃饭、整理好明天的东西是必须要完成的事情,剩下的时间她自己安排,周末也是一样。当然,在她自己的时间里,如果您还想安排一些事情,那就得征求她的意见了,如果您想出门,而她想躺着,那您就让她躺着好了。

第三,既然是孩子自己的任务、自己的安排,就要让孩子自己完成,并承担由此带来的后果。比如,我是坚决反对陪孩子写作业的,一来是心脏的确受不了,二来是换位思考一下,如果你开车时副驾驶坐了一个指手画脚的人,一会儿对你说慢点儿,一会儿说该左拐了,你心里肯定只想说一句话:你行你来!家长不要怕孩子自己做决定会导致失败,无论失败还是成功,这都是阶段性的。我们要做的是当孩子做完作业、完成任务以后,带着孩子一起复盘并总结下一次怎么做才会更好。

"双减"后,没有学前班了,孩子上小学可咋办?

Q 常 爸:

以前,学前班帮家长缓解了很大一部分的入学焦虑,很多家长认为有必要让孩子上学前班,如果不上学前班,孩子上小学就会跟不上。

A 刘乐琼：

这确实是我们面临的实际情况。我们在 2019 年做过一个调查问卷，共调查了 1145 名家长，其中 96.16% 的家长认为非常有必要让孩子在入小学前做好入学准备，70.83% 的家长认为入学准备在大班以后开始即可。调查结果还显示，孩子越接近上小学，家长越焦虑。51.35% 的家长认为幼儿园应该是为孩子入学做好准备工作的主体，65.15% 的家长认为非常有必要报学前班。认为"孩子不上学前班会跟不上"的家长大有人在。

数据也表明，每年二三月份是大班孩子退园的高峰期。2021 年以前，我们幼儿园每年春天都会退 40~50 人，退园的孩子基本都去了学前班。但 2022 年春季，大班退园人数明显下降，我园 10 个大班共有近 400 个孩子，退园总数不超过 5 人。

2021 年 7 月 24 日，中共中央办公厅、国务院办公厅印发了《关于进一步减轻义务教育阶段学生作业负担和校外培训负担的意见》，因为学前班带有明显的学科性质，所以它的"消失"是自然而然的事情。

Q 常　爸：

网上流传着这样的段子——问：孩子 4 岁，英语词汇量 1500，是不是不太够？答：在美国够了，在海淀肯定不够。

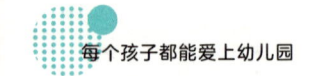

A 刘乐琼：

家长被熏陶多年的焦虑其实已经根深蒂固，"内卷"这个词深入人心。有人问，焦虑和"内卷"是怎么产生的呢？就好比一群人在剧场里看剧，我们不知道第一个站起来的人是谁，但大家都怕自己看不到剧情，于是纷纷都站起来了，但最终大家看到的内容还是一样的。随着焦虑蔓延，所有的人都"站起来"了，都送孩子去学科培训机构。还是那句话，不知是焦虑催生了市场，还是市场催生了焦虑，最终大家都被裹挟其中。

要满足当前教育的需求，仅禁止"培训班"是远远不够的，所以"双减"的另一条线是减轻义务教育阶段学生的学业负担，让学校不成为焦虑的推波助澜者。其中最重要的一个关键做法就是，推动幼儿园和小学教育做好双向衔接。教育部在 2021 年 3 月 30 日发布了《教育部关于大力推进幼儿园与小学科学衔接的指导意见》，这也为推进幼儿园与小学科学有效地衔接，提出了具体的指导意见。

我们再说说双向衔接。

双向衔接就是两头干活，幼儿园和小学都要为幼小衔接出力，分别从身心、生活、社会、学习四个领域为孩子做好入学准备和入学适应工作，接下来我主要说说幼儿园。

第一，身心适应。就是大家得让孩子在上学之前建立对小学的期望，而不是恐惧。很多家长爱对孩子说："你就玩吧，上小学让老师好好管管你！""小学的作业可多了！""小学老师可不让你随便说话！"这些都不是帮孩子建立期待的做法。建立期待首先得让孩子认识小学，所以很多幼儿园都会组织大班的孩子参观小学，帮助孩子了解小学是什么样子的。有的孩子参观小学后会说："小学生哥哥姐姐都戴着红领巾，挺神气，我也要戴。""还有的哥哥姐姐肩膀上有两道杠、三道杠，我也想有。"……向往之情就这样被激发了。

第二，生活适应。我女儿是2020年的一年级新生。一次，我和她一起整理书包，发现她的小书包里竟然装了30多件物品：生活用品（护手霜、口罩、手帕纸、湿纸巾、免洗消毒液、水壶），文具（铅笔盒、铅笔5支、橡皮、卷笔刀、直尺），教具（10以内和20以内口算卡各一份、七巧板、数棒），书本（教材、教辅、作业本），等等。那时我就想，整理物品这种小事情与学业成绩的关联在哪里呢？其实整理习惯良好的孩子至少要具备两种关键能力。

==一是分类能力。==比如，要能把30多件物品分成四大类，若干小类。

==二是良好的空间使用能力。==比如，学会把手帕纸、湿纸巾放在方便取放的书包前兜里，数棒要捆好后放在铅笔盒的固定位置，教材、教辅用书则要放在专用分类袋里，而不是随意地把所有物品都一股脑地扔到书包中。如果孩子是收纳小达人，在一节数学课结束后，他就会利用课间时间快速地根据空间定位找到自己的语文课本、生字本、铅笔等，从容地做好下一节语文课的准备，而不是在老师已经走进教室的时候，他还在焦头烂额地翻书包。这样看来，整理物品这件小事情不仅仅关乎"动手能力",更关乎"思维水平、空间逻辑、分类能力、学习态度",确实与学业成绩密切相关。

第三,社会准备。幼儿园的孩子有个特点,比如老师问:"谁知道今天发生了什么大事情?"孩子们纷纷举着手说:"我!我!我!"问题还没回答,班里已经是"一锅粥"。举手提问、轮流发言,别人讲话时认真倾听、不随意打断别人的发言等规则意识的养成,对于这个时期的孩子格外重要,懂规则、会合作的孩子在小学会更受欢迎。

第四,学习准备。关于这一点前面我给大家讲了很多,再补充说一下,家长不要过度重视知识准备,而要重视学习知识背后的思维、能力和习惯的养成。如果把学习比作一项任务,你会发现它与兴趣、任务意识、计划性等都有关系,要注重这些能力的培养。如果孩子连整理自己的房间这样的任务都没有独立完成过,您怎么能期待他会独立写作业?

最后,从生理、心理发展过程来看,人的成长是一个自然的过程。每一次成长,都是为新的阶段做铺垫,小学有小学阶段的任务和使命,而幼儿园阶段也有其特殊的存在价值。

园长爸爸说

经过幼儿园阶段的科学培养,只要家长们把握好孩子的每一次成长机会,就算没有上学前班,相信孩子也会顺利地步入小学,成为一名合格、优秀的一年级新生。

小学和幼儿园有什么不一样？

Q 常 爸：

孩子在幼儿园阶段是通过体验和感受去学习的，但是进入小学之后，学习氛围和方式就很不一样了。所以，很多家长对于幼小衔接是非常关心的。请您来聊聊小学和幼儿园之间的主要差异，好让家长们做到心中有数吧！

A 刘乐琼：

第一个差异体现在生活安排上。小学是以课堂为中心的组织形式，而幼儿园是以生活为中心的组织形式。

小学是以课堂为主线，吃喝拉撒穿插其中；幼儿园以吃喝拉撒为主线，"课堂"（游戏、区域教学等）穿插其中。

从节奏上来看，小学是40分钟一节课，然后休息10分钟再上下一节课，虽然也是动静结合的模式，但是"动少静多"；而幼儿园不太一样，一个教学活动长的时候可以是1个小时，短的时候20分钟就结束了，并且活动与活动之间的过渡也相对松散，甚至下一个活动都已经开始了，还有几个孩子在忙活上一个阶段的事，整体而言是"动多静少"。

第二个区别是教育组织形式上的差异。小学是以教授学科知识和培养学科能力为目的的，这很好理解，语文课上学语文，数学课上学数学。幼儿园虽然也讲领域，但实际上是采取一种融合模式来组织教育内容。

幼儿园有一种活动形式叫主题教育活动。这个主题教育活动是什么呢？在这一段时间，老师会带领孩子围绕一个主题来组织活动，比如北京的秋天和冬天阳光非常充足，孩子去户外的时候发现了自己的影子，我们就会围绕影子进行主题活动，如玩捉影子、踩影子、画影子这些游戏，通过这些活动，让孩子思考，人为什么会有影子？自己的影子什么情况下会消失？影子在早上和中午有什么差别？……这是一种带有游戏性质的，围绕一个主题进行的综合探索活动，它里边既有科学的探索，又有艺术的表达，还有语言的表述，所以它是一种综合形态的活动，与小学教学的组织安排有着很大的差异。

==第三个就是空间设施上的差异。==大部分小学里的教室是为上集体大课而设置的布局，它的随机性差，孩子的同桌都是提前排座位安排好的，当然也会定期轮换，但是某一时间段内是固定的，所以班级的布局基本上是一个讲台，一排排的桌椅，其他的辅助设施比较少；而幼儿园的教室完全不是这样子，孩子没有固定的同桌，今天可能挨着张三，明天就挨着李四，这很正常，因为他的桌椅是随时可挪动的。除此之外，生活设施也不同。幼儿园里的生活设施包括喝水的杯子、擦手的毛巾、刷牙的牙刷、睡觉的小床；而在小学，孩子往往只需要自己备一个水壶、一个书包，而且还是上学带来、放学带回。还有，虽然小学和幼儿园的教育活动里都需要用到书，但两者也是有差异的。小学是以课本、教材为主；而幼儿园大多是孩子自己取来阅读的各类书籍，没有教学教材。

Q 常爸：

这些差异主要是由不同学段的不同任务造成的，家长提前知晓这些差异，能更好地为孩子入小学做准备。

A 刘乐琼：

是的。特别是在入学初期，幼儿园相对灵活随机的教学形式和小学那种集中听指令的教学形式之间的差异，会让孩子产生不适应。比如，有小学老师反馈，刚从幼儿园毕业的孩子还不会按照指令排队，所以想把队伍排整齐是极不容易的。小学生要按高矮、前后、左右间隔等指令，高效、快速地站成一队；但在幼儿园阶段，老师一般是按照谁先来谁就排在前面，然后依次组成一队。

再有就是很多刚入学的一年级新生，一到上课时间就想去上厕所。在幼儿园大班时，孩子们就不会再尿湿裤子了，但小学一年级初期，有的孩子还会再出现尿湿裤子的现象，是什么原因呢？这是因为小学生活的计划性、目的性、主动性更强，个别孩子还不能很好地规划自己的时间，课间会忘记上厕所导致上课憋尿的情况时有发生；还有的孩子喝水习惯养成得不好，一天也不喝口水，水壶怎么背去学校的又原样背回来……正是由于这些生活上、习惯上的困难，导致孩子在初入学的时候会产生不适应和一些麻烦。

因此，在大班阶段，幼儿园和家庭就应该针对幼儿园和小学的差异做一些必要的准备，帮助孩子提前了解并学着适应小学的作息，培养孩子适应小学生活的能力。

第一次毕业对孩子很重要吗？

Q 常 爸：

说到这里，孩子们马上就要结束幼儿园的生活了，前面咱们谈论过孩子的入园典礼，入园典礼代表的是"开始"。那么这个"结束"——第一次毕业，对于孩子的人生很重要吗？

A 刘乐琼：

我们的大多数仪式和节日其实都与"开始"和"结束"这两个词有关：春节是农历旧年的结束和新年的开始；婚礼是单身的结束，婚姻的开始；葬礼是生命的结束，告别的开始……"周而复始"是中国人的智慧，结束也意味开始，开始也意味着结束。昨天的历史、今天的当下和明天的未来都在开始和结束中不断重复着。从这个意义上来讲，毕业确实是一个值得好好珍惜的人生体验，即使这只是幼儿园的毕业。我们如何对待"开始"和"结束"，就决定了如何带孩子一起经历他的第一个毕业礼。

第 9 章 "学而时习之，大班开始也？"：大班

Q 常爸：

幼儿园会为孩子们的"毕业典礼"做哪些事情呢？

A 刘乐琼：

一是对比变化。老师会搜集孩子们上小班、中班时的照片和视频资料，让孩子们自己做对比，看一看自己发生了哪些变化：是样貌有变化？还是生活习惯上有进步？再或者是自己有了擅长做的事情？在对比中孩子会发现自己的成长和优势，感受到自己已经是一个很棒的小朋友，已经做好成为小学生的准备。

二是情感养成。老师会引导孩子回顾过去的三年里，爸爸妈妈都陪自己做过什么，哪些事情让自己印象最深刻，想在毕业的时候跟爸爸妈妈说些什么，幼儿园里又有哪些让自己记忆深刻的事情，想对谁说句感谢的话，等等。您可别看孩子们小，当孩子在镜头面前说起"一次我发烧了，妈妈抱着我去医院，在楼梯上摔倒了，腿都流血了，妈妈也没哭"之类的故事时，您会感觉到孩子的心里充满了对爸爸妈妈的爱。

孩子们还会去感谢幼儿园的保安叔叔、保洁阿姨、厨房的叔叔阿姨，还有从小班就认识的各位老师，他们会因为一点点小事情，记住别人的好。比如有一个孩子就说保安叔叔送回了她落在操场上的衣服，她得去谢谢他。他们还会说起与好朋友在一起的快乐时光，甚至还会互相留下联系方式、在卡片上画下祝福，约定上小学后还要互相见面，等等。

三是展望未来。马上就要成为小学生了，孩子们心里会想：

我将会是一个怎样的小学生？有哪些期待？有哪些担忧？孩子们会画出自己的心愿卡，给未来的自己画一封信，然后爸爸妈妈、爷爷奶奶也送来了祝福，老师们也会郑重地为孩子们写下毕业寄语，等等。总之，这些都是想告诉孩子，未来就在眼前，尽情地拥抱它吧！

四是策划典礼。小班入园的时候，幼儿园为他们举办了"声势浩大"的入园仪式，大班结束时，孩子们已经能为自己策划毕业典礼了。从活动内容的选择到仪式的流程、活动的组织、场地的安排等，他们都能做到自己的事情自己干。在很多幼儿园里，孩子们策划过"夜宿幼儿园"（最后一天在幼儿园里搭帐篷过夜）、"毕业狂欢"（孩子们载歌载舞庆祝）、"幼儿园里我做主"（角色互换：孩子当老师，老师当孩子）等活动。

幼儿园的以上做法，可以供家长们参考。您既可以积极参加孩子幼儿园的活动，也可以在家里和孩子一起策划毕业庆祝活动，如一起吃顿饭、一起毕业旅游、送孩子与上学有关的毕业小礼物，等等，都是不错的活动。如果您的时间不允许或者您觉得形式太复杂，哪怕只和孩子聊聊天也好，聊聊过去、现在和未来，毕竟幼儿园的毕业代表了幼儿园生活的结束和下一个新阶段的开始，孩子的心里一定有很多感受，别错过这个可以让孩子有感而发的好机会。

> **园长爸爸说**
>
> 幼儿园毕业代表了孩子的一个人生阶段结束了,一个新的阶段即将开始。对于孩子来说,他在未来还将面临更多的机遇和挑战,所以适时地总结自己的过去,谋划自己的未来很重要,而赋予第一次毕业这样的意义,对培养一个具有成长型思维的孩子来说太重要了。

大班结束,孩子们做好入学准备了吗?

Q 常 爸:

大班结束,孩子们应该具备哪些能力呢?他们都能做好入学准备吗?

A 刘乐琼:

作为园长,看着一茬茬的孩子从大班毕业是一件非常幸福的事情,有时候走在大班的活动室里,我会有一种错觉,这些孩子是幼儿园的孩子吗?他们即将成为小学生了!在大班阶段即将结束的时候,他们绝大多数应该达到以下能力水平。

在生理发展上,他们长得高高壮壮的了,很多男孩和女孩在大班毕业时,身高已达到 1.2 米以上。孩子的肢体协调能力、肌肉力量、耐力、爆发力等都有巨大的进步，像跳绳、篮球、足球、轮滑、游泳、乒乓球之类的运动技能，已经能掌握了；孩子们的手部精细动作也有了较大进步，大多数孩子能熟练地使用筷子，甚至很多孩子能写自己的名字，做好书写的准备了。

在心理发展上，大多数孩子都能很好地控制自己的情绪，还能为自己的情绪归因，读故事、看电影时还会被情节所感动；他们有了同理心，能理解他人的处境；也做好了再次适应新环境的准备。您会发现大多数孩子，在上小学的第一天都是迈着坚定的步伐走进小学的，很少再有孩子像上小班那会儿哭哭啼啼、情绪低落了。

在生活习惯方面，您会发现孩子能自觉地饭前便后洗手、睡前刷牙、整理自己的物品等，他们已经形成一种良好的习惯。

在语言发展上，他们的表达能力很强了，既会用"因为……所以"阐明理由，也会用"如果……就"做假设了，还能清楚连贯地讲述自己的观点、经历，词汇越来越丰富了。在口语表达时，他们会大量运用形容词，时不时会有几个成语蹦出来；他们能娴熟地运用语气、声调表达情绪了，大人如果伤心难过了，他们或许还能说几句安慰的话；很多孩子能自主阅读了，甚至还能认读很多汉字，即使是无字的漫画书也能看得津津有味，甚至还能讲述给别人听。

在社会交往上，他们都有自己的好朋友了，班级里可能会出现几个稳定的小团体，他们会经常在一起游戏，甚至团体之间还会产生竞争，这说明他们有集体意识和团队意识了；互相协作成为孩子们喜欢的活动，比如一起搭积木时，能自己和小组成员商量如何分工；当别人提出不同的想法时，能接纳并采用，自己或他人遇到困难时，还能想办法、出主意；他们能为他人提供帮助了，大多数孩子做值日时，既负责又细致；规则已经不是外在的东西了，他们能自己商定规则，对违反规则的人，大家会提出反对意见，甚至用"绝交"来表示抗议；他们有很强的集体荣誉感，如果组织班级与班级之间的比赛，他们会充满激情地为同伴加油，取得胜利时会大声欢呼，如果班级失败了还会垂头丧气，甚至流下眼泪；他们能为自己是中国人而感到自豪，嘴里经常会说"我是中国人""中国最棒"。

在科学探究上，他们能观察、比较、分析和发现事物的前后进展和变化，能发现结构和功能、原因和结果等复杂关系；在一段时间内，他们开始能持续对某个感兴趣的问题进行探索和研究，甚至可以制订自己的研究计划并付诸实施，还可以用数字、字母以及自创的符号做记录，并非常乐意把自己的发现分享给老师和同伴；他们可以进行简单的数学运算了，10以内的加减运算对大部分孩子来说都不是问题，有的孩子能借助实物掌握20以内的加减运算，也能分清基本的空间方位了。

在艺术表现上，他们能合作表演童话剧了，甚至能自己做编剧、做道具、搭场景，还可以在导演、演员、编剧、化妆、舞美、观众等角色间自由切换。

看着他们从小班时哭哭啼啼到大班时变得自信满满，每个老师都会幸福感爆棚。这些孩子即将迈入小学的大门，相信他们一定能行！

如何延续孩子的师生情和同学情？

Q 常 爸：

到了大班，孩子们的情感越来越丰富，友情、班集体荣誉感、师生情都会随着孩子年龄的增长而日益深厚。家长也会听到孩子们说"我想和谁谁一起玩""我想找某老师"之类的话。

A 刘乐琼：

幼儿园大班这个阶段有点特殊，一方面，正如您所说，孩子的感情丰富起来了。以师生情为例，在上大班的一整年里，很多孩子会一直缠在老师身边热烈地表达对老师的爱："老师我喜欢你！""老师我想抱抱你。"有的还会一见面就扑过来抱住老师。另一方面，好不容易建立的感情又极不稳定，很容易忘却。孩子毕业后，如果我们一两年没见面，突然再碰面时，他可能会对我视而不见，就像不认识我一样。孩子像一阵风从我身边飘过，我从来不会埋怨他们。想想我们这些大人，有几个人能记住自己当年幼儿园的老师和小伙伴的名字呢？

毕业后，幼儿园就成了孩子们的回忆，这是他们的第一所真正意义上的学校，但是等长大回忆起来，往往有很多孩子根本记不得在那里发生过什么，也记不起那里曾经的同学和老师。但是作为孩子们的启蒙之地，幼儿园对孩子们的习惯培养、品格养成、人格塑造等方面的影响可谓深远。

Q 常爸：

孩子在幼儿园里度过的三年是最无忧无虑的时光，那些认识的人、美好的经历都可能成为孩子一辈子的财富。我们如何帮孩子保留好这份美好的回忆，延续他们的师生情和同学情呢？

A 刘乐琼：

一是把孩子在幼儿园的作品保留下来。找一个专门的档案袋或者小整理箱，把孩子从小班到大班的作品保留下来，既可以按照图画、手工去分类，也可以按照时间线去归档，时不时地和孩子一起拿出来翻一翻。

二是把老师曾经发给您的孩子在幼儿园的照片，用专门的相册保留下来，在大班即将毕业的时候，还可以和孩子一起为照片做些标签，记录下照片里的孩子在什么时间，正在做什么，等等。趁着孩子还能记得老师和其他小朋友的名字，可以在标签上写下他正在和谁在一起做什么事。

三是约定和老师再见面的日子。在我们幼儿园，每年儿童节和教师节时，都有一部分家长带着早已毕业的孩子回到幼儿园里去看看自己以前的老师，场面很温暖，有些幼儿园还有校

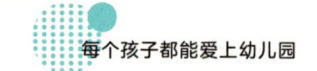

友返园日，都是再见到老师的好机会。如果没有时间，也不必强求，可以留着老师的电话或者微信，等孩子想念老师的时候可以发个语音、打个电话，表达思念的方式有很多种。

四是帮孩子建立一个群，把孩子要好的朋友汇集在一起。大家将来可能不在一个学校，但仍然可以一起活动，比如，约着一起爬山、逛公园、去游乐场等，毕竟现在孩子们有"发小"是件很难得的事情。他们在一起活动时既可以延续友谊，还可以探讨小学生活，彼此学习，而且他们是相熟相知的人，更容易互诉衷肠。

孩子们在幼儿园里与其说是学习本领，不如说是探索自己、认识世界及他人的过程，而他们认识、建立和维持自己与他人关系的能力，同样需要在不断感受、体验中获得。他们在与老师的互动中获得师生情，在与小伙伴的协作中获得友谊。现在他们即将毕业，维系这份美好的方法就是继续给他们创造一起活动的机会，和我们成人的校友会、同学会、老乡会的聚会相似。

我们帮孩子做这些事，本质上也是在培养孩子的社会情绪能力（包括良好的自我意识、自我管理和自我尊重，社会意识和人际关系管理的技能，创意地解决问题和做负责任的决定）。虽然这是一种非智力因素，但已经有越来越多的家长意识到，孩子的人际交往、团队合作及人际关系管理的能力，不仅能影响他的成就，还能影响他的幸福感。

本章小结

◆ 孩子们都是最"实际"的人,他们对当前看到的、摸到的、正在经历的事物更感兴趣。"假如"这个词对他们来说还无法完全理解,而"看到的、摸到的、正在经历的"却可以成为生动的课堂。

◆ 在幼儿园里引导孩子认识空间关系,学会如何正确用笔,培养他们的记忆力、观察力等,这都是在为他们以后的书写和认读做好准备。

◆ 在大班阶段,幼儿园和家庭应该针对幼儿园和小学的差异做一些必要的准备,帮助孩子提前了解并学着适应小学的作息,培养孩子适应小学生活的能力。

每个孩子都能爱上幼儿园

Part 4
一些写在后面的话

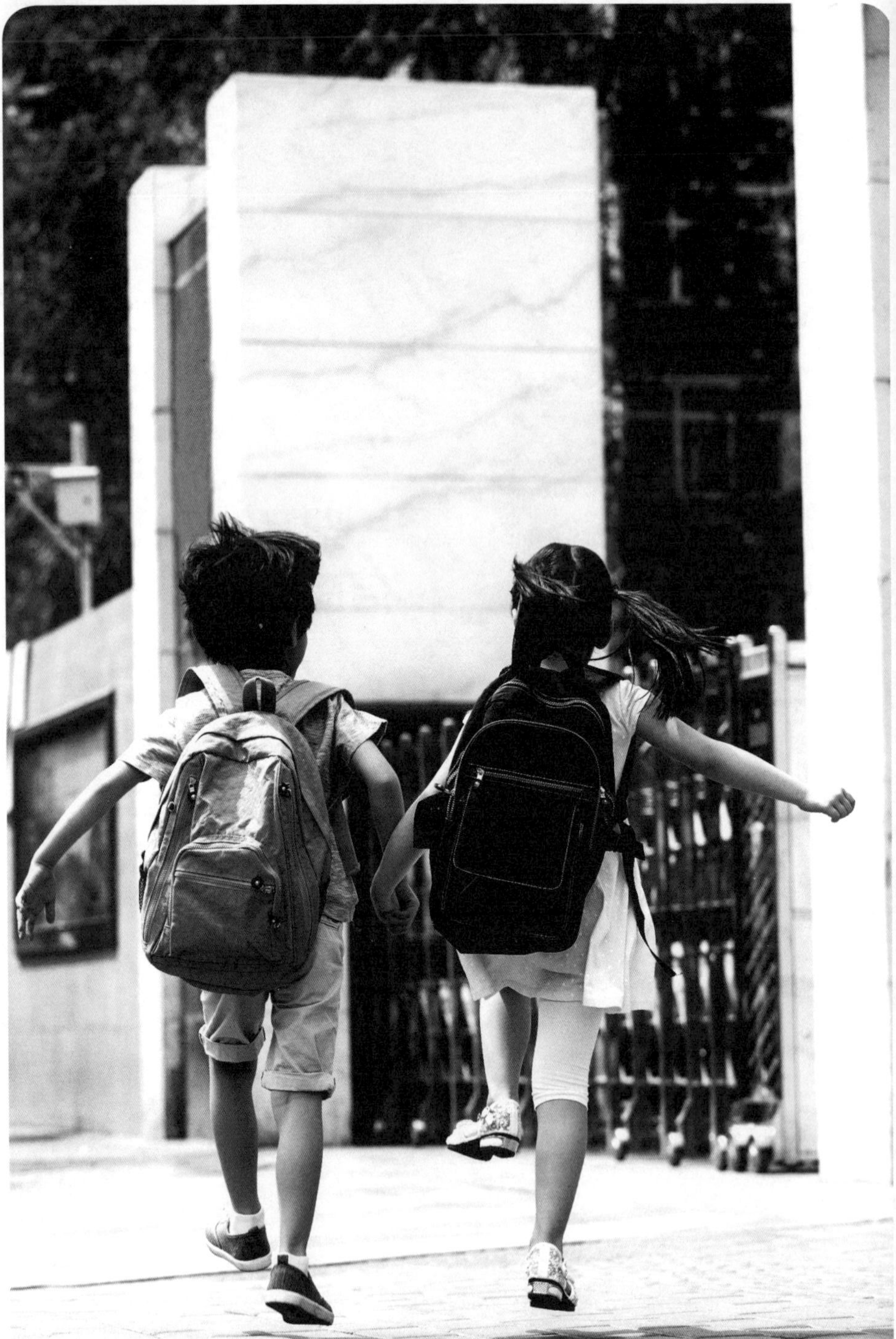

第 10 章
关于幼儿园,您还有哪些不知道?

家庭的和谐是养育子女的基础,教养子女的各方要尽量保持一致,别相互拆台。如果大家在做出关于孩子的决定前事先沟通一下,包括跟孩子提前沟通,就可能会少出现一些分歧。

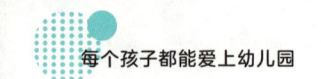

一些属于幼儿园的名词

Q 常 爸：

关于幼儿园，家长还会听到很多陌生的名词，比如"保教结合""五大领域"等，园长能帮我们解释一下这些名词吗？

A 刘乐琼：

我给大家简单介绍一下关于幼儿园里我们常提到的各类名词吧，只是我的通俗说法，方便家长们理解。

幼儿园： 招收 3~6 岁儿童，提供保育教育服务的专门机构，一般在秋季招生，要入园的孩子需要在当年 9 月 1 日前满 3 周岁。

儿童： 这里专指 3~6 岁的孩子，也叫幼儿。

幼师： 从事保育教育服务的专门人员，又分为专门负责孩子吃喝拉撒睡的保育老师或生活老师和主要负责组织教育、游戏活动的老师。

园长： 就是老师们的"总头头"。

家长： 包括但不限于 3~6 岁孩子的爸爸妈妈、爷爷奶奶、姥姥姥爷。

保教结合： 保育和教育相结合，也就是说，不仅得把孩子养育好，还得把孩子教育好。

家园合作：家庭和幼儿园、家长和老师共同在孩子身上用劲，以促成教育的合力，共同引导孩子成长为优秀的人。

课程：孩子在幼儿园经历的一切活动的总称，包括吃喝拉撒睡，也包括唱歌、跳舞、做游戏等。

健康：孩子们在身体、心理和社会适应方面有良好的状态。

语言：语言是孩子们交流和思维的工具。

社会：孩子们要学习如何进行人际交往和适应社会，幼儿园阶段就是学习处理自己和他人、自己和集体的关系。

科学：幼儿园阶段孩子们的科学学习，是在探究具体事物和解决实际问题的过程中，尝试发现事物间的异同和联系。

艺术：艺术是人类感受美、表现美和创造美的重要形式，也是孩子表达自己对周围世界的认识和情绪态度的独特方式。

主题活动：老师带领孩子们围绕着一个话题、事件、现象、事物等进行的各种活动的总和。

区域活动：在教室里划分不同的区域，并提供相应的教具和材料供孩子们自由选择、玩耍，一般分为益智科学、美工、图书、建构、角色表演等几大类。

户外活动：走到幼儿园操场和室外去举行的活动就叫户外活动，以体育活动为主，也可包括室外其他活动，比如赏花、玩水、玩沙、种植等。

蒙氏教育：一位来自意大利的伟大女性玛利亚·蒙台梭利所创立的教育思想及教育实践法。

瑞吉欧：意大利东北部的一座城市，这所城市的幼教工作者们创造出了一种风靡全球的学前教育模式。

皮亚杰：近代最著名的儿童心理学家，这位睿智的老人提出的认知发展理论，对学前教育的影响巨大。

海伊斯科普课程：又叫高瞻课程，是由美国的海伊斯科普教育研究机构研发的早期教育方案。

多元智能理论：由美国教育学家和心理学家加德纳博士提出，他认为人类思维和认识的方式是多元的，分为八大智能。

STEM 教育：源于美国，指的是科学素养、技术素养、工程素养、数学素养融合在一起的教育新模式。

PBL：Problem-Based Learning 的缩写，看字面就知道意思，指基于问题的教学方法，也就是以问题驱动学生的学习。

陈鹤琴：中国现代幼儿教育的奠基人，著名儿童教育家，他倡导"大自然、大社会都是活教材"。

张雪门：我国著名的学前教育专家，倡导"生活就是教育"。

森林教育：字面意思是在森林里进行的教育，是一种户外教育，兴起于丹麦、芬兰、德国等国家。

藤幼儿园：日本的一所幼儿园，因建筑风格奇特而著名，曾被评为世界上最优秀的教育建筑。

安吉游戏：基于浙江省安吉县教育生态而形成的一种以游戏教育为主要形式的教育模式，成为中国学前教育的一张靓丽的国际名片，倡导儿童的真游戏。

幼儿园聘用老师的标准是什么?

Q 常 爸:

家长们把孩子送到幼儿园,就盼着孩子能遇到个好老师。您也是家长,相信您也能理解这种人之常情。毕竟在孩子未来成长的三年里,老师就是家长的队友。那么幼儿园是怎样帮家长"选队友"的呢?

A 刘乐琼:

咱们来说说幼儿园对老师的要求。

首先,幼儿园在教师数量配比上有一定的要求。根据教育部下发的《幼儿园教职工配备标准(暂行)》的规定,幼儿园配置工作人员的基本标准如下表所示。

不同服务类型幼儿园教职工与幼儿的配备比例

服务类型	全园教职工与幼儿比	全园保教人员与幼儿比
全日制	1:5~1:7	1:7~1:9
半日制	1:8~1:10	1:11~1:13

注:幼儿园教职工包括专任教师、保育员、卫生保健人员、行政人员、教辅人员、工勤人员。幼儿园保教人员包括专任教师和保育员。

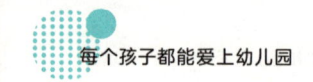

具体针对班级老师而言,也有明确的规定,如下表所示。

幼儿园班级规模及专任教师和保育员配备标准

年龄班	班级规模（人）	全日制		半日制	
		专任教师	保育员	专任教师	保育员
小班（3~4岁）	20~25	2	1	2	有条件的应配备1名保育员
中班（4~5岁）	25~30	2	1	2	
大班（5~6岁）	30~35	2	1	2	
混龄班	<30	2	1	2~3	

也就是说,针对大多数孩子所就读的全日制幼儿园而言,一个班级要配置2个教师和1个保育员。为什么这么配置呢?管理学上有所谓"管理幅度"的概念,大致意思是,一个领导者能直接有效管理的下属人员数量是有限的,这用在教育场景下也是有效的。由于孩子年龄较小,而老师们保育教育的工作异常烦琐,一个合格的幼儿园老师得具备卫生、保健、安全、饮食、照护、教育等多方面的常识与能力,所以如果老师配置过少,极易出现对孩子照顾不周的现象,甚至会引发安全事故。

Q 常 爸：

只是工作人员和老师配比够了就行吗?幼儿园教师是个专

业性非常强的职业，没有经过专业学习并取得相应的资质是很难胜任的。

A 刘乐琼：

是的。光凑数肯定不行，需要有专业的素养才行。有人说，不就是带孩子吗，有那么难吗？

幼儿园老师带孩子当然不是想象中的那么简单。

第一，您能带自己的孩子，不一定能带一群别人家的孩子。和一个孩子沟通需要耐心，和一群孩子沟通得需要数十倍的耐心，而且光有耐心不够，还得有方法。一群孩子在一起的场面不亚于一群叽叽喳喳的麻雀开会，怎样能让孩子们马上把眼睛看向你，可是需要些智慧的。所以我们会发现很多幼儿园老师都有夸张的表情、多变的语气、拿手的魔术、神奇的手指游戏。再者，一个人爱自己家孩子天经地义，但"幼吾幼以及人之幼"需要的是博爱，这其实是师德的内核。如果一位幼儿园老师能把别人家的孩子视如己出，关心他们的冷暖、照顾好他们吃喝拉撒、带着他们游戏、陪伴他们成长，不仅有体力的付出和教育的智慧，还能把自己的情感倾注在孩子们身上，那么，这位老师一定是位师德高尚的老师。有句俗话讲，"家有五斗粮，不当孩子王"，这特别直接地表明了幼儿园教师这个职业既清贫又琐碎，如果不是真爱，还真不一定可以坚持。

第二，即便你学识渊博、上知天文下晓地理，也不一定能教好孩子。好老师不一定要有超高学历，当然博学还是很有必要的，在评职称的时候，幼儿园老师不像其他学段的老师那样在表上填"语文老师""数学老师"，他们填的是"幼教全科"，这个全科的意思就是"各学科通吃"，可谓是吃喝拉撒、琴棋书画、走跑跳爬、德智体美，需要样样精通。光有这个还不行，还得有方法，得说孩子能听得懂的话，得做孩子能模仿和学得了的事。

举个例子，您如果问孩子："影子是怎么来的？"孩子们大概率会给您编一个不着边际的童话故事，但如果您问："你能让你自己的影子躲起来吗？""当两个人靠近站立时，影子会怎么样？""在哪里更暖和些？阳光下还是大树的影子里？"您猜孩子们会怎么样？他们会立刻动起来，试着让自己的影子躲起来，或者两个小朋友站在一起看看影子会发生什么变化，或者走到大树的影子里，再跑到阳光下比一比哪里更温暖。这些问题虽然没有直接让孩子回答"影子是怎么产生的"，却引发了孩子的探究性行为，特别有利于孩子们建构起"前科学"概念。

第三，情商高手才能当好幼儿园老师。幼儿园老师特别需要情商高，这需要老师先能照顾好自己的情绪。幼儿园里的孩子一会儿哭，一会儿笑，一会儿静，一会儿闹，如果您有机会体验当一天幼儿园老师，一定会被混乱的场面震撼——笑声、喊声此起彼伏，一声声"老师"不绝于耳。倘若您没些自我调节的能力，多半会崩溃。最关键的是，光有自我调节的能力还不够，还得能调动孩子们的情绪。在幼儿园里我们经常用一个词来形容孩子们的状态，叫作"动静结合"，也就是说"静如处子，动如脱兔",这得需要怎样的一个"场控大师"啊!

第四,一个幼儿园老师不亚于一个企业老总。您知道要当好一个老师需要组织协调多少个人吗?先是要面对班上的 30 个孩子,还有其他两个工作伙伴,除此之外,他还得协调每个孩子背后的强大亲友势力——一共是 60 个爸爸妈妈以及更多的爷爷奶奶们。这还不算,现在一个优秀的老师还得能调用社区的资源、社会的力量为孩子们的发展服务。初步算下来,一个老师需要协调组织的人数差不多得有一百五十人,快赶上一个中小型企业的规模了,这得要求老师有多高的沟通协商能力啊!

第五,一个优秀的幼儿园老师还要身兼数职,比如"装修达人",如果您去幼儿园参观,会发现幼儿园里有好多花花绿绿的作品,被布置在教室及走廊的墙面上,这些都是老师和孩子们日复一日共同"装修"的结果;同时,他们还个个都是"游戏开发者",孩子的兴趣持续性差、专注力不够,这需要老师随时能有有趣的点子、好玩的玩具去吸引他们。行业内有一个特别有意思的潜规则叫作"玩具非亲制不能玩儿也"。这是什么意思呢?就是每当老师们开始收集"破瓶子""烂罐子""纸壳子"的时候,就是他们要为孩子亲手做玩具了。不是买的玩具不能玩儿,而是买来的玩具孩子们玩过一阵子就没兴趣了,只有老师们绞尽脑汁做出来的,才是孩子们觉得新鲜的、有趣又有挑战性的好玩具。老师们不仅是智力劳动者,更是体力劳动者。搬个床、挪个家具、组装玩具、修修补补都会亲力亲为,不仅要有"麒麟臂",还得练就"千年老腰"和"无影幻腿",每天 8 个小时不是站着就是蹲着，还得带着孩子们跑上跑下、蹦蹦跳跳，他们常常是足不出园就能轻松日过万步，如果没点体力还真是做不来。

Q 常 爸：

家长对孩子教育的期望越来越高，所以也就对老师的要求日益增高。通过您的讲述，我们知道了一个优秀的幼儿园老师得拥有教学的热情、乐教的意识、高尚的品质、广博的知识、精湛的教艺、崇高的理想、亲善的性格、乐观的态度、健康的人格、平和的心态、良好的协调能力，这些缺一不可。

A 刘乐琼：

常爸说得好！所以也请家长们多理解下我们的老师。

另外，我想说，一个优秀幼儿园老师的成长是一个漫长的过程，就像工匠、企业家、政治家一样，也请家长们多给他们些成长的时间。

特殊儿童入园指南

Q 常 爸：

对于一部分有特殊儿童的家庭来讲，如孩子有生理或心理上的特殊需要，家长往往会非常担忧孩子是不是没法上幼儿园。是不是真的是这样呢？为什么有的幼儿园接收，有的幼儿园却不接收这类孩子入园呢？

A 刘乐琼：

确实有很多幼儿园是不接收特殊儿童随班就读的，这主要与普通幼儿园缺乏专门的学前特殊教育师资有极大关系。要做好这件事情，不仅要社会各方面鼓励幼儿园接收特殊儿童，还要建立融合教育落地机制，更要加强专业人才的培养，因为特殊教育也是一门专业，不是谁都能做得来的。

越来越多的幼儿园也进行了很多积极的尝试，比如已经有部分幼儿园开始尝试提供专门的特殊教育班，这些班级也得到了政府的鼓励和资助。在北京的幼儿园中就有部分政府鼓励建设的"幼儿园特殊教育示范基地"，这些基地大都配备了专门的师资用于支持特殊儿童的随班就读。我所在的幼儿园就接收了一部分特殊儿童随班就读，一般的做法是先对孩子进行评估，再视儿童的情况来决定是否接收、是否需要家长陪同、是否需要特殊训练、是否是半日制，等等。

从当下现状来看，是否接收特殊儿童入园、怎样提供服务等，幼儿园都会根据自身的情况有不同的约定。因此，如果家长有需要，一定要跟意向幼儿园多沟通，了解清楚情况。当然，还有一些专门的特殊学校、特殊教育机构也是重要的选择项。

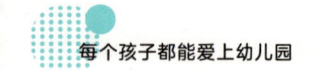

作为父亲和男园长，
我给家长们的建议

Q 常 爸：

这个问题是我收集到的很多孩子妈妈想要问刘园长的。作为父亲和男园长，请您从您的角度，给所有的爸爸妈妈们提点好建议吧。

A 刘乐琼：

我召开集体家长会时，一般都会提议全体妈妈们为出席家长会的爸爸们鼓个掌，以示鼓励。即使是这样，每次参加家长会的爸爸也寥寥无几，爸爸们可真是太忙了。我先给大家讲一个从行业内老师那里听到的一个名叫"爸爸忙"的故事吧。

某幼儿园老师组织班级开展绘画活动，活动的名字叫"快乐的一家人"。活动开始后，老师让孩子们把自己一家人快快乐乐一起生活的场景画出来。20分钟后，大部分孩子都画得差不多了，一个小女孩的作品吸引了老师的注意——画面温馨又明亮，上面的蓝天、白云、阳光、花朵等元素无一不表达了孩子快乐的心情，只是画面上只有两个人，一个女人和一个小女孩手拉着手。

老师观察后就问孩子："你画的是什么呀？"

孩子回答说:"我和妈妈在一起。"

老师想,孩子爸爸也应该在画面上啊,其他小朋友大都画了爸爸妈妈和自己,有的还画了爷爷奶奶、姥姥姥爷呢,所以就提示孩子说:"你们家还有谁呀?也一起画上吧。"

没一会儿,孩子画完了。老师过来一看,一只小狗出现在画面上。老师说:"嗯,不错,看来这只小狗肯定给你带来了不少欢乐。那你们家还有谁呀?高高大大,身体强壮,能保护你的?"

孩子大声回答说:"我知道了。"

没过一会儿,画面上终于出现了老师期待的"男性",不过奇怪的是,他并没有和妈妈还有她站在一起,而是远远地站在一边。

老师好奇地问:"为什么你的爸爸站得那么远呢?"

孩子回答说:"那可不是爸爸,那是我们小区的保安叔叔。"

老师一时语塞了,小声嘀咕了一句:"哦,那爸爸呢?"

孩子回答说:"爸爸上班啊!"

从这个故事以及当下我看到的现状来说,爸爸们参与孩子的教育的时间确实是不如妈妈们多。同样,在教育行业中,男性本身就稀少,年龄段越低男老师越少,比如在我们幼儿园,虽然我是男园长,但是幼儿园里男老师还是少之又少,即使有,也基本上承担了体育老师等专职工作。这种情况在小学阶段也一样,女老师明显比男老师多。

家庭的功能是多元的，养育子女是其中之一。我不主张男性应该比女性在育儿方面一定要承担更多，也不打算讨论爸爸妈妈哪个应该承担更多家庭职责，更不为双方都应该做些什么提出一些标准范式。因为每个家庭的情况不同，没有哪个爸爸妈妈是完美的，就像没有哪个孩子是完美的一样，不可强求。

每个家庭都有自己独特的气质，事实上也并没有最理想的家庭教育模式。有的家庭中妈妈承担了很多，但并不是说爸爸承担的就不多。反之亦然，我们身边既有做得很棒的妈妈，也有做得很好的爸爸，比如常爸就是典型代表。如果把家庭比作一个企业，家庭成员都需要分工协作，只是做的事情不同而已。再者，大多数中国家庭中爷爷奶奶、姥姥姥爷也在参与孩子的教养过程，特别是在三胎放开的背景下，只依靠小夫妻二人，是很难完成教养任务的。

需要多人协作、共同育儿的家庭，"既……又……"的模式就不太适用。一方的缺位会导致家庭"丧偶式育儿"，还会造就"既当爹又当妈"的强大妈妈或爸爸，这不利于孩子的成长，也不利于家庭关系的良性发展。当然，我们也不能强求对方是完美的爸爸或妈妈。作为男性，如果您既希望另一半能带娃、洗衣、做饭、陪学、陪练，又希望她能多多赚钱来养家，那这是很过分的念想，反之亦然，这样要求男性，也是不现实的。

"甘蔗没有两头甜"，这让我想起多年前，我曾参加过一场探讨"如何让隔代教育更科学"的研讨会。会中有许多年轻的父母和专家们既想让爷爷奶奶参与孩子的教育，又怕他们把孩子带"坏"了，还想让他们做得比自己更"科学"，结果现场一位老人说了一句大实话：听你们说这么多的建议，我们觉得还是回老家养老比较好。

所以，各位爸爸妈妈们，我给出的建议是"家和万事兴"——==家庭的和谐是养育子女的基础，教养子女的各方要尽量保持意见一致，别相互拆台。==如果爸爸让往东，妈妈让往西，奶奶让往南，爷爷让往北，孩子只会无所适从。其实"尽量保持意见一致"也是很难做到的，但是如果大家在做出关于孩子的决定前事先沟通一下，包括跟孩子提前沟通，就可能会少出现一些分歧。

当然，我鼓励和提倡爸爸们多多参与孩子的教育。如果哪位爸爸想多参与孩子的教育工作，不论是家庭场景下的，还是幼儿园场景下的，我都举双手、双脚欢迎您，这样的话我和常爸就不那么"孤单"了。

Q 常 爸：

哈哈！刘园长真是太风趣了！其实在生活中，不只有全职妈妈，全职爸爸的角色也不少，现在有越来越多的爸爸对孩子的成长和教育非常关注。

在跟刘园长的整个对谈中，我们对幼儿园及幼儿教育工作者有了更多、更深入的了解。同时，对于孩子在各个发展阶段的情况、特点，我们也有了更科学、更客观的认知。希望这些内容能够帮家长们减轻、解决一些焦虑和困惑，能让大家更好

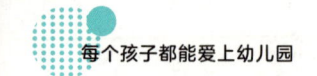

地陪伴孩子成长。感谢刘园长。

A 刘乐琼：

也感谢常爸！让我们共同守护孩子幸福的童年，并为他们的健康成长贡献出一份绵薄之力！

本章小结

- 一个优秀幼儿园老师的成长是一个漫长的过程,请家长们多理解老师,多给他们些成长的时间。

- 每个家庭都有自己独特的气质,事实上也没有最理想的家庭教育模式。家庭成员需要分工协作。如果教养子女的各方在做出关于孩子的决定前,事先沟通一下,包括与孩子提前沟通,就可能会少出现一些分歧。

附录
《幼儿园入学准备教育指导要点》* 节选

3~6岁是为幼儿后继学习和终身发展奠基的重要阶段,也是为幼儿做好入学准备的关键阶段。帮助幼儿科学地做好入学准备教育,是幼儿园教育的重要内容。幼儿园应深入贯彻落实《3~6岁儿童学习与发展指南》和《幼儿园教育指导纲要》,充分尊重幼儿身心发展规律和特点,实施科学的保育教育,同时将入学准备教育有机渗透于幼儿园三年保育教育工作的全过程,帮助幼儿做好身心各方面准备,实现从幼儿园到小学的顺利过渡。

《幼儿园入学准备教育指导要点》(以下简称《幼儿园指导要点》)以促进幼儿身心全面准备为目标,围绕幼儿入学所需的关键素质,提出身心准备、生活准备、社会准备和学习准备四个方面的内容,每个内容由发展目标、具体表现和教育建议三部分组成。发展目标部分明确了与幼儿入学准备关系最密切的关键方面;具体表现部分提出了对幼儿实现入学准备的合理期望;教育建议部分明确了发展目标的价值,列举了有效帮助幼儿做好入学准备的一些教育途径和方法。

---

* 此文为《教育部关于大力推进幼儿园与小学科学衔接的指导意见》的附件之一,节选时稍有删改。

附 录

一、身心准备

发展目标	具体表现	教育建议
1.向往入学	1.初步了解小学，对小学生活充满期待。 2.希望成为一名小学生，愿意为入学做准备	对小学生活充满向往，有上小学的愿望，是幼儿开启小学学习生活的情感动力，也是重要的入学心理准备。 **1.建立积极的入学期待**。发现每个幼儿对小学学习生活的兴趣点，多从正面引导，减少幼儿对小学学习生活的压力和负面感受。如：组织幼儿讨论、分享对小学的认识、期待和担心，通过同伴的交流和老师的针对性引导，强化入学期待，缓解入学焦虑。 **2.帮助幼儿初步了解小学生活**。大班下学期，通过参观小学，与小学生面对面交流、体验小学课堂等方式，帮助幼儿初步了解小学的学习生活
2.情绪良好	1.能经常保持积极、稳定的情绪。 2.遇到困难和不开心的事情，不乱发脾气，不迁怒于他人	保持良好的情绪状态，具备一定的情绪调控能力，有助于幼儿积极适应小学新的环境和人际关系。 **1.帮助幼儿获得积极的情绪体验**。成人经常保持良好的情绪状态，感染和影响幼儿。以欣赏、接纳的态度对待幼儿，对幼儿的合理需求给予及时、有效的回应。避免因成人的不当做法给幼儿带来负面情绪，如：在集体面前比较幼儿之间的长处和不足、大声呵斥幼儿、总是表扬别的孩子已经学会了什么等等。 **2.帮助幼儿学会恰当表达和调控情绪**。成人用适宜的方式表达情绪，以平和的心态处理不愉快的事情，为幼儿作出榜样。选择能给幼儿带来情绪情感体验的故事、角色扮演等活动，引导幼儿恰当表达消极情绪，学习积极应对和化解的方法。如：发现幼儿不高兴时，接纳他的消极情绪，在他平静后主动、耐心地听他讲述不开心的事情和原因

229

（接上表）

发展目标	具体表现	教育建议
3.喜欢运动	1.积极参加多种形式的户外活动。 2.能连续参加体育活动半小时以上	喜欢运动，初步养成良好的运动习惯有利于幼儿增强体质，保持充沛精力和良好情绪，少生病、少缺勤。 **1.鼓励幼儿积极参加户外活动**。充分保证幼儿每天的户外游戏和体育活动时间。提供方便、灵活多样的体育活动材料，开展多种形式的游戏和体育活动。鼓励、支持幼儿选择自己喜欢的活动。 **2.发展大肌肉动作**。根据大班幼儿运动能力发展特点和个体差异，适当增加运动量和运动强度，提高动作的协调性和灵活性，增强力量和提高耐力。鼓励幼儿坚持锻炼，不叫苦、不怕累。 **3.锻炼精细动作**。在日常生活和游戏中鼓励幼儿学会正确、熟练地扣扣子、系鞋带、使用筷子；提供画笔、剪刀、小型积塑等工具和材料，支持幼儿进行画、剪、折、撕、粘、拼等各种活动，锻炼手部小肌肉动作
4.动作协调	手部动作协调，能使用简单的工具和材料	

二、生活准备

发展目标	具体表现	教育建议
1.生活习惯	1.保持规律作息，坚持早睡早起、睡眠充足。 2.保持良好的个人卫生，有自觉洗手的习惯，有保护视力的意识	良好的生活和卫生习惯有利于幼儿较快适应小学的作息和生活。 **1.逐步调整一日作息**。在充分保证幼儿自主游戏时间的前提下，大班下学期适当延长单次集体活动的时间，适当减少午睡时间。家长应配合幼儿园调整作息安排，提醒幼儿早睡早起、按时入园；同时以身作则，以规律作息的习惯影响幼儿。 **2.帮助幼儿养成良好的卫生习惯**。成人在日常生活中注重引导幼儿养成自觉洗手的习惯。不在光线过强或过暗的环境中读写画。连续使用电脑、手机等电子产品的时间不超过15分钟

（接上表）

2.生活自理	1.能按需喝水、如厕、增减衣服。 2.坚持自己的事情自己做，能分类整理和保管好自己的物品。 3.有初步的时间观念，做事不拖沓	较强的生活自理能力有助于幼儿做好入学后学习和生活的自我管理和服务，增强独立性和自信心。 **1.指导幼儿做好个人生活管理。**大班下学期，适当减少一日生活中的统一安排，帮助幼儿逐步学会根据自己的需要喝水、如厕，根据天气变化和活动需要增减衣物。 **2.引导幼儿学会分类整理和存放个人物品。**幼儿园和家庭都应提供存放幼儿个人物品的设施设备，指导幼儿逐步学会分类整理和收纳衣物、图书、玩具、学习用品等。 **3.引导幼儿逐步树立时间观念。**通过多种方式，引导幼儿在日常生活和游戏中感受时间，学会按时作息，养成守时、不拖沓的好习惯
3.安全防护	1.能自觉遵守基本的安全规则和交通规则，有自我保护的意识。 2.知道基本的安全知识，遇到危险会求助	较强的自我保护意识和能力有助于幼儿适应新环境，避免发生危险和伤害。 **1.增强幼儿自我保护的意识和能力。**关注幼儿自我保护意识和能力发展的个体差异，引导幼儿了解校园、社区、交通等环境中的安全要求，学会保护自己。如：在陌生环境中，学会注意设备设施、人群聚集等情况存在的不安全因素。 **2.指导幼儿学会求救的方法。**指导幼儿在遇到危险时，能提供必要的信息，选择有效的求助方法，如：知道向成人求助或拨打求救电话
4.参与劳动	1.能主动承担并完成分餐、清洁、整理等班级劳动。 2.能做一些力所能及的家务劳动	参与劳动有助于培养幼儿良好的劳动习惯，提高幼儿的自理能力和动手能力，增强自信心，培养初步的责任感。 **1.引导幼儿承担适当的劳动任务。**和幼儿一起制定班级劳动计划，鼓励幼儿自主确定任务分工并有计划地完成。教师要关注他们完成任务的情况，及时予以鼓励和指导。 **2.鼓励幼儿参与力所能及的家务劳动。**如：摆放碗筷、餐后整理餐桌、洗碗、扫地、扔垃圾等，并指导他们学习正确的方法。家长以身作则，分工做好家务劳动。 **3.引导幼儿尊重身边的劳动者，珍惜劳动成果。**帮助幼儿了解父母及老师、食堂厨师、幼儿园保安等的工作特点，讨论他们付出的劳动给自己带来的服务和便利，学会尊重和珍惜他人的劳动成果

三、社会准备

发展目标	具体表现	教育建议
1.交往合作	1.能和同伴友好相处,乐于结交新朋友。 2.能与同伴分工合作共同完成任务,遇到困难互帮互助,发生冲突时尝试协商解决。 3.能主动向老师表达自己的想法和需求	良好的交往和合作能力有利于幼儿入学后结交新朋友、认识新老师,逐步适应小学新的人际关系。 **1.扩展幼儿的交往范围**。鼓励幼儿和不同年龄的伙伴、成人交往,认识新伙伴。如:组织跨班级、跨年龄的游戏活动,创设自由交往的机会,丰富社交经验。 **2.丰富幼儿分工合作的经验**。提供材料、创设条件,引导和支持幼儿开展活动,体验合作的重要性。鼓励幼儿认真倾听同伴的想法和建议,当意见不一致时说明理由,学习协商解决问题,达成一致。同伴遇到困难时,鼓励幼儿提供力所能及的帮助。遇到冲突时,指导幼儿尝试用协商、交换、轮流、合作等方法解决,不争抢,不欺负同伴。 **3.营造宽容的师幼交往氛围**。用尊重、接纳的态度与幼儿交流,鼓励他们表达自己的想法和需求,不用对错简单评价,肯定积极想法,满足合理需求
2.诚实守规	1.能遵守游戏和日常生活中的规则。 2.知道要做诚实的人,说话算数	具有一定的规则意识、自觉遵守各项活动规则,有利于幼儿入学后积极遵守小学的班规、校规,赢得同伴、老师的接纳和认可,较快融入新集体。 **1.增强规则意识,提高自觉守规的能力**。在日常生活和游戏中培养规则意识,引导幼儿与同伴讨论制定游戏、班级活动规则并自觉遵守。大班下学期,指导幼儿遵守集体活动的基本规则,做到举手提问、轮流发言,别人讲话时认真倾听、不随意打断等等。 **2.培养诚实守信的品质**。对幼儿诚实和守信的行为及时予以肯定。发现幼儿说谎、说话不算数时不要简单批评和惩罚,要耐心了解原因,积极引导,帮助幼儿做到知错就改

（接上表）

3.任务意识	1.理解老师的任务要求，能向家长清晰地转述并主动去做。 2.能自觉、独立完成老师安排的任务	具备任务意识和执行任务的能力，有助于幼儿适应小学学习生活的要求，逐步做到独立完成各项学习任务。 **1.强化任务意识**。大班下学期，有意识地布置一些与入学准备相关的任务，如：准备明天要带的玩具材料和学习用品、每天自己整理小书包等，为适应小学生活做准备。 **2.培养独立完成任务的能力**。成人要创造条件，通过持续性的任务安排，鼓励、支持幼儿独立完成任务。教师不宜将任务直接布置给家长
4.热爱集体	1.喜爱自己的班级和幼儿园。 2.愿意为集体出主意、想办法、做事情。 3.初步形成爱家乡、爱祖国的情感	对集体的热爱有助于幼儿适应班级和学校的环境，初步建立对集体、家乡和祖国的归属感和认同感。 **1.培养集体荣誉感**。营造温暖的集体氛围，创造条件和机会，鼓励、支持幼儿为班级和幼儿园的集体活动定计划、做准备并积极参与。如：和幼儿共同策划，开展节庆、参观、运动会、主题游戏等多种活动，帮助他们在参与活动的同时体验成就感、荣誉感。 **2.激发爱家乡、爱祖国的情感**。以生动有趣的形式开展爱家乡、爱祖国的教育，如：参观博物馆、科技馆等当地文化场馆，帮助幼儿感受与体验家乡和祖国的发展变化；鼓励幼儿结合节假日外出旅行等经历，分享自己家乡的风景名胜、风物人情、特色美食等；结合升旗仪式，向幼儿介绍国旗、国歌

四、学习准备

发展目标	具体表现	教育建议
1.好奇好问	1.对身边的新事物感兴趣，有好奇心和探究欲。 2.喜欢刨根问底，乐于动手动脑	好奇心是终身学习的原动力。呵护幼儿的好奇心，尊重幼儿好问的天性，有助于幼儿对周围世界保持持续的探究欲望，不怕困难，积极主动学习。 **1.保护幼儿的好奇心和主动性**。接纳、鼓励幼儿对新事物的观察、提问等探究行为，避免简单打断或否定幼儿的奇思妙想。如：把幼儿有浓厚兴趣的问题作为集体讨论的话题，鼓励幼儿分享自己的发现和观点，支持他们进一步去探究想法和行动。 **2.支持幼儿持续的探究行为**。分析幼儿在探究活动中可能获得的发展，提供充足的时间、丰富的材料支持幼儿持续、深入进行探究，寻找问题的答案
2.学习习惯	1.能专注地做事，分心时能在成人提醒下调整注意力。 2.能坚持做完一件事，遇到困难不放弃。 3.乐于独立思考并敢于表达。 4.做事有一定的计划性	专注力、坚持性、计划性等学习习惯的养成，有助于幼儿入学后更好胜任新的学习任务，且受益终生。 **1.支持幼儿专注持续地完成任务**。大班下学期，有意识地增加需要一定专注力和坚持性才能完成的游戏和活动，保证幼儿有充足的活动时间能够专注地完成任务。对需要多次探索的活动，要提供足够的时间和空间，鼓励支持幼儿持续完成，避免因活动频繁转换干扰幼儿专注做事。 **2.鼓励幼儿独立思考**。为幼儿提供充分的时间思考、讨论和表达自己的观点，接纳幼儿不同的想法。鼓励幼儿积极补充同伴的观点，并说明理由；对别人的观点有不同意见时敢于大胆提出质疑和陈述自己的观点。 **3.引导幼儿有计划地做事**。在一日活动开始前向幼儿介绍当天的活动安排，鼓励他们说一说自己的活动计划，和幼儿一起回顾他们的计划和完成情况，分析原因并调整。鼓励幼儿尝试有计划地安排自己的活动，如尝试安排周末的活动或日程

附 录

（接上表）

3.学习兴趣	1.对大自然和身边的事物有广泛的兴趣，努力寻找答案。 2.喜欢阅读，乐于和他人一起看书讲故事，遇到问题能通过图书寻找答案。 3.对生活情境中的文字符号感兴趣，愿意用图画、符号等方式记录自己的想法和发现。 4.愿意用数学的方法尝试解决生活和游戏中的问题，体验解决问题的乐趣	兴趣是最好的老师，让幼儿喜欢学习、爱上学习，具备一定的学习能力比学到多少知识更重要。幼儿具有浓厚的学习兴趣和基础学习能力有助于入学后适应不同学科新知识、新技能的学习，更加主动、持久、投入地学习。 **1.为幼儿提供广泛接触自然和社会的机会。** 经常带领幼儿接触大自然，参加一些有意义的活动，帮助幼儿开拓视野，积累丰富的感性经验，培养广泛的兴趣。 **2.培养幼儿的倾听和表达能力。** 组织幼儿围绕生活和游戏中感兴趣的事情进行讨论，分享自己的发现以及探究的过程、方法。教师应给予充分的时间，鼓励和引导幼儿表达，接纳幼儿不同的想法，不轻易打断幼儿讲话。对注意力不集中或不持久的幼儿，通过适当的方式吸引他们参与到活动中来。鼓励幼儿听不懂时要主动提问，对幼儿的提问及时予以回应。坚持每天和幼儿聊一聊，说一说今天做的事情或看过的书等，帮助幼儿学习按照一定的顺序、比较完整地进行讲述。
4.学习能力	1.在集体情境中能认真听并能听懂他人说话，有疑问时能主动提问。 2.能较清楚地讲述一件事情。 3.能说出图画书的主要情节，并有自己的理解和想法。 4.在绘画、拼图等活动中，能识别上下、左右等方位。 5.能认识并书写自己的名字。 6.能在教师指导下，尝试运用数数、排序、简单的统计和测量等数学方法解决日常生活中的问题	**3.培养幼儿的阅读兴趣和能力。** 根据幼儿的阅读兴趣和活动需要提供和更换图画书，并给予幼儿充足的阅读时间。鼓励幼儿自主阅读，保护他们对符号、文字的兴趣和敏感性。经常和幼儿一起讨论书中内容，加深他们的阅读兴趣和理解，鼓励幼儿根据情节、图书画面对故事结果进行预测或续编、创编故事；通过绘画、手工、搭建、表演等方式再现故事情节、人物关系，促进幼儿语言、情感、社会性等多方面的发展。 **4.保护幼儿的前书写兴趣。** 大班下学期，教师有意识地运用文字和符号辅助幼儿记录和总结游戏的过程、想法，让幼儿感受文字符号在日常生活中的功能和意义。如：鼓励幼儿用图画、符号、文字等方式为自己的活动区、生活活动设施等制作标识，记录游戏的过程、故事情节、愿望等。 **5.做好必要的书写准备。** 养成幼儿自己扣纽扣、系鞋带的习惯，锻炼手部精细动作，促进手眼协调。在绘画拼图等活动中认识上下、左右等方位，通过"跳房子""给小动物找家"等游戏，帮助幼儿认识田字格的结构。不宜要求幼儿提前

235

（接上表）

4.学习能力			学写字，幼儿有自发书写行为时，可以示范正确的书写姿势，帮助幼儿学习由上至下、由左至右的运笔技能，但不宜进行机械训练，也不宜简单评判写得对不对、好不好，重在保护幼儿写画的兴趣。 **6.引导幼儿尝试用数学的方法解决日常生活中的问题**。发现和学习解决生活中和数学有关的问题，如：通过统计每天出勤人数、测量记录身高和体重的变化、自主管理进餐和睡眠时间等方式，帮助幼儿体验运用数学方法解决问题的乐趣